D2050
Ein Sprach-Rettungsprojekt

Für meine Eltern Reinhart S. und Ursula W.

Peter Lindwedel

D2050 – Ein Sprach-Rettungsprojekt

Umgangssprache und Rechtschreibung –
Kritische Bestandsaufnahme und konstruktive Lösungsansätze

Bibliografische Information der Deutschen Nationalbibliothek:
Die Deutsche Nationalbibliothek verzeichnet diese Publikation in der Deutschen Nationalbibliografie; detaillierte bibliografische Daten sind im Internet über http://dnb.dnb.de abrufbar.

Titelbildgestaltung und Foto: Peter Lindwedel

Herstellung und Verlag: BoD – Books on Demand, Norderstedt

ISBN: 978-3-7357-2549-3

Inhaltsverzeichnis

6

Einleitung

Da man üblicherweise die Einleitung im Inneren eines Buches erst wahrnimmt, nachdem man zuvor das Äußere, vor allem die Titelseite, betrachtet hat, kennen Sie bereits einen zentralen Aspekt meiner Auseinandersetzung mit der deutschen Sprache. Sie konnten bereits dem Umschlagtext entnehmen, dass der Autor die Sprache in Gefahr sieht und glaubt, sie benötige Rettungsmaßnahmen. Wenn Sie bis hier gelesen haben, habe ich offenbar zumindest ein Minimum an Aufmerksamkeit, vielleicht sogar Interesse geweckt. Dafür danke ich Ihnen herzlich.

Einleitend bitte ich um Verständnis dafür, dass ich darauf verzichte, bei Substantiven oder Pronomen, die eine Person bezeichnen, bei der das Geschlecht nicht relevant ist, jeweils sowohl die männliche als auch die weibliche Form zu schreiben. Liebe Leserinnen und Leser (letztmalig...), wenn also künftig von Deutsch-Sprechern, Ausländern, Lesern, Historikern, Touristen usw. die Rede ist, kann damit immer auch eine weibliche Person gemeint sein. Ich distanziere mich hiermit ausdrücklich von jeder Form mentaler und sonstiger Diskriminierung.

Da die Kapitel, insbesondere der Hauptblock, der sich mit dem Thema Rechtschreibung befasst, aufeinander aufbauen, empfehle ich dringend, dieses Buch von vorne nach hinten zu lesen. Die einzelnen Abschnitte enthalten viele Beispiele, die im gesamten Kontext nur als temporär zu betrachten sind. Wer das Buch bis zum Ende durcharbeitet, wird feststellen, dass einige Ausdrücke, die zwischendurch in einer neuen Form dargestellt werden, später im „Endzustand" nochmals anders aussehen müssten. Ich hielt diese Vorgehensweise für alternativlos, da die Beispiele andernfalls nicht nachvollziehbar wären, ohne die späteren Betrachtungen bereits zu kennen.

Dieses Buch soll Aufschluss darüber geben, warum ich die Zukunft unserer Sprache so skeptisch sehe, wie sich der „schleichende Tod" darstellt, welche Maßnahmen möglich wären, um Deutsch zu vereinfachen, die Attraktivität zu erhöhen (Attraktivität ist natürlich Geschmackssache – meine Anregungen werden bei manch konservativem Germanisten vermutlich eher einen Schreikrampf verursachen) und damit die Lebensdauer unserer Sprache zu verlängern. Das Buch soll auch provozieren. Ich versuche darin, dem Leser bildlich einen Spiegel vor die Augen und vor das Gehirn zu halten, mit dessen Hilfe jeder erkennen kann, ob die Ausführungen auf einen selbst zutreffen. Und wenn ich an Sie, verehrte Leser, einen Wunsch äußern darf, wünsche ich mir eine objektive Beschäftigung mit dem Geschriebenen anstatt einer Vorverurteilung.

Es handelt sich nicht um ein Buch, das den Zweck verfolgt, Unterrichtslektüre zu werden. Es ist vielmehr als ergänzende Literatur oder einfach als interessanter Zeitvertreib gedacht. Ich bin Realist genug, um zu ahnen, dass die hier behandelten Sachverhalte und die unterbreiteten Vorschläge bei denjenigen, die über mögliche Änderungen entscheiden könnten oder sprachliche Trends begründen könnten, auf wenig Gegenliebe stoßen.

An mehreren Stellen bietet sich der Vergleich mit Englisch an. Der Grund dafür liegt weniger in der Tatsache, dass dies die einzige Fremdsprache ist, die ich selbst fließend sprechen und angemessen beurteilen kann, sondern mehr darin, dass Englisch sich spätestens durch die technische Globalisierung und die modernen Kommunikationsmethoden als „Weltsprache" etabliert hat. Auch unter Angehörigen anderer großer, stolzer Sprachgruppen wie Französisch, Spanisch oder Russisch breitet sich Englisch als internationale Verständigungsmöglichkeit und „Internet-Sprache" kontinuierlich aus. Ich begrüße diese Entwicklung, da ich überzeugt bin, dass die Verständigung unter den Menschen weltweit die Basis für Toleranz und gegenseitiges Verständnis und somit unverzichtbar für friedliches Miteinander und gemeinsame Anstrengungen ist. Dennoch gäbe es auch an der englischen Sprache zahlreiche Kritikpunkte zu nennen. Auch im Englischen ist vieles inkonsequent. Englisch ist kein Heiligtum, aber es wäre leichter zu modernisieren. Darüber soll sich allerdings jemand anders Gedanken machen. In diesem Buch geht es um meine Muttersprache, und das ist nun einmal Deutsch.

Den Deutschen haften einige Klischees und Vorurteile an. Wir können sie auch „Eigenschaften" nennen, damit es weniger negativ klingt. Deutsche gelten üblicherweise als ordnungsliebend, ehrgeizig und erfinderisch. Bezogen auf ihre Sprache haben sie in puncto Ordnung offenbar weit übers Ziel hinausgeschossen. Die grammatischen Feinheiten, Sonderfälle und Ausnahmen sind so zahlreich, vielfältig und komplex, dass viele Deutsche – vor allem der jüngeren Generationen bis 50 – offenbar hoffnungslos überfordert sind und trotz guten Willens nicht in der Lage sind, die Sprache regelkonform anzuwenden. Andere Landsleute – und auch hier sehe ich einen Bezug zu einer typisch deutschen Eigenschaft – wollen sich die Mühe schlicht nicht machen und plappern munter nach, was ihnen im täglichen Leben zu Ohren kommt. Die Rolle der Medien ist dabei nicht zu unterschätzen. War richtiges Deutsch für Rundfunk- und Fernsehsprecher zu Zeiten der traditionellen Sendeanstalten (ARD, ZDF,

ORF oder DDR-Fernsehen) noch eine Voraussetzung, um einen Job am Mikrofon oder in der Redaktion zu bekommen, so wird bei vielen Sendern darauf in den letzten fünfundzwanzig Jahren offenbar kein Wert mehr gelegt. Warum auch?! Die Macher privater Kanäle sind Wirtschaftsbosse, denen Einschaltquoten, Geld und Schlagzeilen wichtiger sind als Formalitäten und Seriösität. Man will einen Trend möglichst zuerst erkannt haben, man will „cool" und „angesagt" sein, man will Sensationen; denn die Zuschauerresonanz zeigt, dass „der Markt dafür" vorhanden ist. Da liegt es auf der Hand, dass die Konsumenten schnell und gern alles adaptieren, was als cool angesehen wird. Gilt ein Schauspieler oder Moderator als cool, prägt sich unbewusst auch seine Art zu sprechen schnell ein. Wer sich keine Gedanken darüber macht, dass manche Angewohnheiten beim Sprechen falsch oder unlogisch sind, gewöhnt sich diese an und beeinflusst damit seinerseits wieder seine Umgebung.

Wir denken meistens gar nicht darüber nach, wie wir etwas sagen. Das ist zugegebenermaßen auch etwas viel verlangt in einem Land, wo gesunde Menschen sich auch abwärts lieber auf einer Rolltreppe fahren lassen als hinunter zu gehen, wo schon Schulanfänger ihren Ranzen auf Rädern hinter sich her ziehen anstatt ihn auf dem Rücken zu tragen, wo Zigarettenreste einfach fallen gelassen werden anstatt sie ein paar Meter weiter zum Abfallbehälter zu bringen. Gedankenlosigkeit und auch Dekadenz – das sind Eigenschaften, die sich in Mitteleuropa wie ein Geschwür ausgebreitet haben. Da ist für eine gesunde Sprache kein Platz – es sei denn, die Menschen lernen die Sprache von einer neuen Seite kennen: als nachvollziehbares und spannendes Regelwerk. Dazu möchte ich beitragen.

Inspiriert und ermutigt hat mich unter anderem der immense Erfolg der Buch-Reihe „Der Dativ ist dem Genitiv sein Tod" von Bastian Sick, allerdings verfolge ich einen anderen Ansatz. Sick sieht seine Werke als „Wegweiser durch den Irrgarten der deutschen Sprache". Er bietet dem Leser Hilfestellung und verfolgt das Ziel, aus Fehlern zu lernen und sie abzustellen. Die Eigenarten und Kniffe der Sprache stellt er aber nicht in Frage. Dagegen werde ich gar nicht erst versuchen, eine Art Hörigkeit gegenüber dem „Dämonen Deutsche Sprache" zu fördern, indem wir uns der Willkür der Sprache beugen, sondern stattdessen versuchen, dem Dämon wieder ein menschliches Gesicht zu geben. Soll heißen, dass wir uns eingestehen dürfen, wenn ein Gesetz (hier eine Sprachnorm oder Rechtschreibregel) nicht mehr zeitgemäß ist oder sich als nicht praktikabel erweist. Dass wir Deutschen – Klischee Nummer 5 – auch im Jammern und Beschweren zur Weltklasse zählen, ist bekannt. Aber setzen wir

Klischee Nummer 3 (erfinderisch) dagegen und trauen wir uns, Innovationen in sprachlicher Hinsicht nicht nur zu kreieren, sondern auch zu formulieren!

In diesem Buch geht es sowohl um grammatische als auch um orthografische Themen. Mir ist bewusst, dass mündliche Sprachgewohnheiten – dazu gehört auch die Grammatik – sich viel schwieriger ändern lassen als die Schriftsprache. Schon die Tatsache, dass das Schreiben eines Wortes immer länger dauert als seine Aussprache und das Schreiben niemals so spontan erfolgt wie das Sprechen, eröffnet dem menschlichen Gehirn beim Schreiben die große Chance, vor jedem Wort für den Bruchteil einer Sekunde darüber nachzudenken, wie es richtig geschrieben wird. Deshalb sollen in diesem Buch vor allem die Vorschläge zu neuen Rechtschreibregeln als Denkanstöße gelten, die geeignet sein können, um die deutsche Sprache etwas aufzupeppen und somit länger am Leben zu halten. Zumindest diejenigen, die heute Deutsch als Muttersprache kennen, Deutsch sprechen und Deutsch denken, könnten nach einer angemessenen Umgewöhnungszeit so schreiben, wie es später in diesem Buch vorgeschlagen wird. Die Grammatik ist nach meiner Ansicht dagegen kaum reformierbar, da sie sich auch im gesprochenen Deutsch wiederfindet und unsere Gewohnheitsliebe sowie die Neigung zur Nachahmung von Phrasen zu stark ist, um Raum für Reformen auf dieser Ebene zuzulassen.

Gleichwohl sind die Tage unserer Sprache gezählt, wenn die Geburtenrate bei Deutschsprechenden weiter abnimmt, die Auswanderung Deutschsprechender anhält, und gleichzeitig die Einwanderung von Migranten andauert, welche nicht deutsch sprechen müssen, um in Deutschland, in Österreich oder in der Schweiz zurechtzukommen. Damit will ich keineswegs die Einwanderungspolitik kritisieren, wohl aber feststellen, dass unsere gelebte Sprachkultur nicht dazu geschaffen ist, Deutsch als Sprache für viele weitere Generationen zu bewahren. Wir übernehmen zu schnell, oft unnötigerweise und zu gedankenlos neue Wörter und Redewendungen und machen unsere Sprache auf diese Weise zusätzlich kompliziert und schnelllebig.

Im Anschluss an den folgenden Abschnitt, in dem ich die Zielsetzung dieses Werks detailliere und abgrenze, werde ich zunächst auf ausgewählte, besonders markante Stilmängel der zeitgenössischen deutschen Umgangssprache eingehen. Die Texte jener Kapitel sind am Ende des Buches ein zweites Mal zu lesen, nach dem orthografischen Teil. Damit möchte ich veranschaulichen, was mir vorschwebt und Ihnen einen unmittelbaren Wort-für-Wort-Vergleich von Texten ermöglichen: einerseits gemäß der heute (2014) gültigen Rechtschreibregeln, andererseits gemäß „D2050". Diesen Begriff habe ich als Ar-

beitstitel für eine Reform gewählt, die mit diesem Werk erstmals die Windun-
gen meines Gehirns verlässt und sich der öffentlichen Diskussion zu stellen
bereit ist.

Mir ist bewusst, dass auch diese Kreation nicht frei von Schwächen ist und
dem Ziel, sich die gesamte Rechtschreibung mit rein auf Logik basierenden
Regeln erschließen zu können, lediglich erheblich nähert, es aber nicht voll-
ständig erreicht. Mein Wunsch ist es jedoch, dass die nach meiner Meinung
zahlreichen Verbesserungsvorschläge als Fundament dienen werden für eine
konstruktive Beschäftigung mit D2050, in deren Verlauf der Rest optimiert
werden kann.

1 Abgrenzung

Es geht mir nicht darum, die deutschen Dialekte abzuschaffen oder zu verurteilen. Wer Dialekt spricht, ist sich bewusst, dass seine Art zu reden vom Standarddeutsch oder „Schul-Deutsch" abweicht. Dialekte – dies gilt für jede Sprache – sind ein Ausdruck kultureller Identität. Gegen das Sprechen in einem Dialekt ist nichts einzuwenden, wenn die Menschen, die ihn benutzen, grundsätzlich bereit sind, dann auf ihn zu verzichten, wenn offensichtlich wird, dass der Gesprächspartner in einer bestimmten Situation den Dialekt nicht in dem Maße versteht, wie es für die Verständigung angemessen erscheint.

Ich möchte vielmehr diejenigen Deutschen erreichen, die von sich behaupten, „Hochdeutsch" zu sprechen, es aber nicht wirklich tun. Es lässt sich gewiss lange darüber diskutieren, wo genau Hochdeutsch anfängt und aufhört. Der eigentlich korrekte Begriff hierfür ist „Standarddeutsch" (denn der Begriff „Hochdeutsch" ist aus wissenschaftlicher Sicht sowohl regional als auch historisch belegt und meint etwas anderes als das, was man üblicherweise darunter versteht). Genau genommen ist auch der Begriff „Standarddeutsch" umstritten, da es keinen verbindlich festgelegten Standard für die deutsche Sprache gibt. Ich verwende den Begriff hier dennoch und halte persönlich die folgende Definition für sinnvoll:

Die deutsche Sprache in ihrer „reinen" gesprochenen Form sollte sich am Klangbild dessen orientieren, was der so genannten „Lautschrift" am nächsten kommt. Damit ist das „Internationale Phonetische Alphabet" gemeint, welches in den meisten Wörterbüchern sowie Lehrbüchern zum Erlernen von Fremdsprachen verwendet wird. Und dies würde umso leichter fallen, wenn es dazu Rechtschreibregeln gäbe, die sich wiederum am Klang der gesprochenen Sprache orientieren würden.

Diese Sichtweise wird auch als „phonemische Rechtschreibung" oder „flache Orthografie" bezeichnet. Sie verfolgt das Ziel, gesprochene Laute und geschriebene Zeichen in eine Beziehung zu setzen, in der beides so weit wie möglich voneinander ableitbar ist. Einige Sprachen, die diesem Prinzip folgen, sind Italienisch, das kastilische Spanisch, Türkisch, Serbisch oder Finnisch. – Dem entgegen steht die „morphophonemische Rechtschreibung" oder „tiefe Orthografie". Grammatischen Zusammenhängen oder sprachgeschichtlichen

Ableitungen wird dabei zur Festlegung der Schreibweise ein höherer Stellenwert als dem Klang eines Wortes eingeräumt. Sowohl Englisch als auch Französisch sind morphophonemisch geprägt. Hier gibt es Fälle, in den zu einem bestimmten Klang diverse Schreibweisen möglich sind. Im Englischen gilt auch umgekehrt: Beim Lesen einer Vokabel ist längst nicht immer klar, wie sie auszusprechen ist. Es gibt natürlich auch Sprachen, in denen beide Ansätze zum Tragen kommen. Auch Deutsch gehört dazu. – Ich vertrete persönlich die Auffassung, dass richtiges Schreiben für jeden möglichst einfach zu erlernen sein soll. Wenn sich die Orthografie am Klangbild orientiert und es dafür möglichst logische beiderseitige Ableitungsregeln gibt, ist dieses Ziel leichter zu erreichen als unter der Voraussetzung erweiterter sprachwissenschaftlicher Vorkenntnisse.

Aber kommen wir noch einmal zum gesprochenen Deutsch zurück. Letztlich stört sich kaum jemand an einer falschen oder undeutlichen Aussprache, solange Sender und Empfänger des benutzten Sprach-Codes sich verstehen und lückenlos miteinander kommunizieren können. Ich persönlich denke aber auch an diejenigen Menschen, für die Deutsch eine schwer zu lernende Fremdsprache ist. Bevor man beim Lernen einer Fremdsprache die grammatischen Feinheiten verinnerlicht, sollte man in der Lage sein, überhaupt zu kommunizieren. Dazu beginnt man in der Regel mit Grundbegriffen. Deren Aussprache versucht man anhand gelernter Regeln anzuwenden.

Es ist nicht hilfreich, wenn die Realität in Deutschland zeigt, dass selbst „Hochdeutsche" die Grundregeln nicht beherzigen. Wenn beispielsweise ein Ausländer mit den Worten „Guten Abend" höflich grüßt und einen entsprechenden Gruß als Erwiderung erwartet, stattdessen aber „'n Aamt" hört, wird er womöglich keinen besonders positiven Eindruck von dem Land, der Sprache oder zumindest dem Sprecher bekommen (Umgekehrt würden wir im Ausland in einem solchen Fall vermutlich denken: „Mensch, den versteht man ja kaum!"). Die Motivation dieses Menschen, unsere Sprache zu lernen, wird in diesem Moment wahrscheinlich nicht gerade gefördert. Wie gesagt, Deutsch-Muttersprachler unter sich mag das nicht interessieren – man versteht sich ja. Doch es kann nicht schaden, wenn man es gleich richtig macht. Dann fällt es nämlich leichter, sich umzustellen, wenn man zum Beispiel im Hotel am ausländischen Urlaubsort entgegen weit verbreiteter Erwartungen nicht auf Bedienstete trifft, die fließend Deutsch verstehen – zumindest nicht das Deutsch der „'n Aamt"-Sager.

Um das Verstehen für diejenigen, die Deutsch erst lernen wollen oder müssen, nicht noch schwieriger zu machen, sollten wir alle versuchen, jeden (nicht „jedweden"!) antiquierten und nur noch für einen ständig kleiner werdenden Teil der Deutschsprechenden verständlichen Begriff zu vermeiden und außerdem auf regionale Begriffe zu verzichten, die nichts mit Mundart zu tun haben. Semmeln, Wecken oder Schrippen sind nun einmal vor allem Brötchen, und nach Freitag kommt nicht Sonnabend, sondern vor allem Samstag.

Genauso hilfreich wie eine vernünftige Wortwahl ist die saubere Aussprache. Wenn ein Wort auf „-er" endet, sollte nicht „-a" erklingen. Die Endung „-en" enthält einen Vokal; den hört man allerdings oft nicht, wie bei der Sängerin Nena, die sprachlich „mit beidn Bein'n im pralln Lebn" steht. Und „-ig" ist nicht das Gleiche wie „-ich". Also bitte „Fünfundvierzig Dänen fahren immer mit dem Zug nach Hannover", und nicht „Fümmunvörrzich Deen'n fahrn ümma mippm Zuch nach Hannova"…

2 Beispiele für Zeitkrankheiten in der Umgangssprache

2.1 Die alternativlose „Oder"-Frage

Seit einigen Jahren und mit zunehmender Geschwindigkeit erleben wir im deutschsprachigen Raum die Verbreitung einer sprachlichen Seuche.

Die Konjunktion „oder" hat eine eindeutige Aufgabe. Sie weist darauf hin, dass zu einem Satzteil mindestens ein weiterer Teil gehört. Dabei stehen die durch „oder" verbundenen Segmente oder einzelnen Wörter in einem alternativen Kontext. Selbstverständlich. Weitere Ausführungen hierzu erübrigen sich eigentlich.

Dennoch übt dieses kleine Wörtchen inzwischen mit Erfolg und Hinterlist einen nicht genehmigten Nebenjob aus. Als Folge davon beginnt das gute alte Fragezeichen schon, sich um seine Existenzberechtigung in der Umgangssprache zu sorgen. Noch kann sich das Fragezeichen entspannt zurücklehnen. Es hat seinen imaginären Platz nach wie vor am Ende einer gesprochenen Frage, die nicht mit „ja" oder „nein" beantwortet werden kann, also der klassischen so genannten „offenen Fragen" oder „W-Fragen", die diese Bezeichnung tragen, weil die Fragewörter mit „W" beginnen. „Wie spät ist es?", „Wo ist Behle?", „Warum ist die Banane krumm?". Niemand würde fragen: „Wohin fahren wir in den Urlaub oder?" – zumindest noch nicht.

Im Gegensatz dazu hört man vor allem bei den so genannten „geschlossenen Fragen", die grundsätzlich mit „ja" oder „nein" beantwortet werden können, ständig Sprachfetzen wie diese: „Darf ich dir ein Stück Kuchen anbieten o-der...?", „Kommst du mit eine rauchen oder...?", „Soll ich schon mal den Wagen vorfahren oder...?". Das Wort „oder" wird dabei in der Regel in etwas tieferer Tonlage gesprochen. Das allein widerspricht schon der natürlichen Sprachmelodie einer Frage. Das letzte Wort einer Frage schafft nicht selten locker ein Intervall von etwa einer Quinte über dem vorletzten Wort. Zugegebenermaßen sehen diese Beispiele in geschriebener Form albern aus; sie sind aber realistische Auszüge aus der modernen Umgangssprache.

Zusätzlich ist bei dieser Art von Fragestellern gelegentlich eine weitere Verschlimmerung der Seuche zu beobachten. Sie platzieren nämlich die voraussichtliche Antwort zwischen der eigentlichen Frage und dem „oder". Das klingt dann zum Beispiel so: „Welche Krawatte soll ich dazu umbinden? Die blau-grüne oder...?", „Was möchten Sie trinken? Sekt pur oder...?", „Was glauben Sie, bis wann Sie mit dem Auftrag fertig sind? Heute noch oder...?" – Unter diesem Aspekt kann sich das Fragezeichen durchaus langsam Sorgen machen; denn wie Sie merken, ist man keineswegs vor dem „oder" sicher, wenn die eigentliche Frage offen ist. Der Fragende versucht (bewusst oder unbewusst) damit anzudeuten, dass er ein intelligenter, voraus denkender Mensch ist, der nicht einfach eine Frage stellt, sondern sich auch Gedanken um die mögliche oder wahrscheinliche Antwort macht. „Für wie viele Personen soll ich den Tisch decken? Acht oder...?" – Eigentlich müsste ich – da dies kein Hörbuch ist und ich es Ihnen nicht vorsprechen kann – diese Beispiele mit Notenlinien zu lesen geben. Denn an der Sprachmelodie erkennt man, dass der (unvollendete) zweite Teil keine Antwortmelodie besitzt, bei der das „oder" die Funktion von „nicht wahr", „gell" oder dem thüringischen „no" bekleidet. Wäre dies der Fall, würde „oder" in einer höheren Tonlage klingen als die letzte Silbe davor. Gemeint sind Segmente, die eindeutig den Charakter einer Frage haben, was dadurch erkennbar ist, dass die Melodie beim „oder" nach unten geht.

Wer mutig ist, müsste den Fragesteller eigentlich so lange auf die Antwort warten lassen, bis er die Frage beendet hat. Denn ein Satz, der auf „oder" en-det, kann per se noch nicht abgeschlossen sein. Es wäre zwar überflüssig, würde aber hinsichtlich der Vollständigkeit schon reichen, wenn das Wort „nicht" hinzugefügt würde. „Willst du auch ein Stück Kuchen oder nicht?" enthält beide möglichen Alternativen, die der Fragesteller meint: entweder der Befragte möchte gern ein Stück haben oder er verzichtet darauf. Wird dagegen das Wort „nicht" weggelassen, wären streng logisch gesehen auch noch andere Schlussfolgerungen möglich. „Willst du auch ein Stück Kuchen oder lieber eine Pizza?" wäre eine davon. – Schon die Höflichkeit gebietet es, dem Gesprächspartner nicht ins Wort zu fallen und ihn ausreden zu lassen. Das Problem ist, dass der Fragesteller vermutlich nicht kapiert, warum keine Antwort kommt, und dies im Gegenteil eher als unhöflich empfinden dürfte. Ein freundlicher Hinweis auf die noch fehlende Nennung der Alternative würde verständnislos übergangen; der Eindruck, begriffsstutzig oder pingelig zu sein, würde beim Gegenüber entstehen. Menschen, die so fragen, merken gar nicht, wie schlecht ihr Deutsch in dieser Hinsicht ist!

Der Einwand, dass ein „oder" am Satzende keine neue Erscheinung ist, beruht auf einem Irrtum. Keineswegs neu ist lediglich die Art von Fragen, deren Wesen der Wunsch nach Bekräftigung einer Aussage ist. „Heute ist mal wieder ein Sauwetter, oder?". „Der Schiedsrichter ist doch wohl blind, oder?". In diesen Beispielen wird das Wort „oder" im Sinne von „nicht wahr" oder „gell" gebraucht. Man erwartet nicht eine Antwort auf eine wirkliche Frage, sondern eine Bestätigung. Ich meine dagegen hier die allein stehenden Fragen.

Da Journalisten, Radio- und Fernsehmoderatoren des 21. Jahrhunderts bei nicht mehr zwangsläufig sprachgewandt sein müssen, verwundert es nicht, dass Sprachgewohnheiten wie diese von Medienkonsumenten, vor allem von Kindern und Jugendlichen, die es gar nicht besser wissen können, übernommen werden. Es stört also kaum jemanden, wenn der Moderator im Programm eines „Hit-Radios" einen jungen Hörer fragt „Freust du dich, dass jetzt Wochenende ist, oder...?".

Es gibt übrigens noch eine rasant gedeihende „kleine Schwester" der „Oder-Frage", und zwar die „alternativlose Aber-Aussage". Die wird nicht ganz so häufig benutzt, aber... Die Banane ist zwar krumm, aber... Ich trinke eigentlich keinen Alkohol, aber... Wie man sieht, ist das Wörtchen „zwar" für diese Unsitte nicht obligatorisch.

Ich habe keine Idee, wie man den Deutschen (und denjenigen, die außer ihnen ihre Sprache benutzen) beibringen könnte, in diesem Zusammenhang einfach und konstruktiv zu reden. Es ist wohl zu viel verlangt, jedes Mal spontan die Fortsetzung auf der Zunge zu haben. „Wir wollten zwar eigentlich grillen, aber weil die Wettervorhersage zu schlecht war, haben wir es uns anders überlegt". Man würde allerdings absolut nichts falsch machen, wenn man ganz simpel sagte: „Eigentlich wollten wir grillen". Punkt.

2.2 Überflüssige Wort- und Phrasen-Verlängerungen

Ich schnappe regelmäßig Sprachsegmente auf, bei denen ich mich fragen könnte, ob sich derjenige, der sie spricht, überhaupt bewusst ist, dass er übers Ziel hinausschießt. Die Frage ist natürlich rein rhetorisch; sonst gäbe es diese Floskeln ja nicht.

Meistens stehen die gemeinten Ausdrücke im Zusammenhang mit der Absicht, besonders redegewandt, gebildet oder höflich zu wirken. Bei genauerer Betrachtung wirken sie dagegen eher lächerlich.

Nehmen wir die Mutter aller Höflichkeitsformen, die Begrüßung. Kommen wir in ein fremdes Land, dessen Sprache wir nicht sprechen, so können wir dennoch ein Minimum an Eindruck schinden, wenn wir uns zumindest um die grundlegendsten Vokabeln bemühen, wie „Guten Tag", „danke" oder „bitte" in der jeweiligen Landessprache. Ein Peruaner, Kenianer oder Thai, der nach der Landung auf einem deutschen Flughafen einen Deutschen ansprechen muss, weil er nicht weiß, wie er zum Bahnsteig der Zubringerbahn kommt, kennt vermutlich am ehesten die Begrüßung „Guten Tag". Ich unterstelle in diesem Beispiel, dass der erschöpfte Mensch nicht ausgerechnet in Zürich mit „Grüezi", in München mit „Grüß Gott" oder in Bremen mit „Moin" zurückgegrüßt wurde und schließlich den richtigen Zug gefunden hat. Dort aber werden die Fahrgäste über den Abteil-Lautsprecher immer häufiger nicht mehr mit „Guten Tag" begrüßt. Der kundenorientierte Dienstleister (oder derjenige, von dem erwartet wird, so zu tun, als sei er ein solcher) sagt heute „Einen schönen guten Tag". Wenn besonders gute Laune versprüht werden soll, wünscht man sogar „Einen wunderschönen guten Tag".

Nicht nur die Begrüßung, auch die Bitte um etwas stellt viele Deutschsprecher vor die Qual der Formulierungs-Wahl. „Ich möchte Sie bitten..." ist so eine Art Klassiker unter den Umschweifungen. Bitte, dann bitten Sie doch! Manche Menschen halten es aber offenbar für möglich, dass sie damit zu weit gehen. Deshalb fragen sie: „Darf ich darum bitten, dass...?" Ja, Sie dürfen! Andere wittern noch einen Haken an der Sache und möchten die Erlaubnis zum Bitten sogar noch an eine Bedingung knüpfen (dies ließe zumindest der Gebrauch des Konjunktivs vermuten): „Dürfte ich Sie bitten...?" Was erwartet jemand, der so fragt?! Etwa eine Antwort wie diese: „Ja, Sie Schleimer, 20 Euro auf die Hand, zack zack, dann dürfen Sie bitten."? Diese Art sich auszudrücken wird übrigens auch „Höflichkeits-Konjunktiv" genannt und ist keine rein deutsche Eigenart.

Es gibt auch mutige Zeitgenossen, die um das, was sie gern tun, zwar nicht vorab bitten, aber trotzdem nicht einfach zur Sache kommen. Auf Firmenkonferenzen beginnen Präsentationen zum Beispiel manchmal wie folgt: „Wir würden Ihnen zunächst das Grobkonzept darlegen wollen...". Ein autoritär veranlagter Geschäftsmann hätte schon jetzt die erste Chance, den Redner aus dem Konzept zu bringen: „ Sie würden wollen? Heißt das, dass Sie das alles tun, ohne es zu wollen? Dann ist es um Ihre Corporate Identity wohl nicht sehr gut bestellt. Wie auch immer, tun Sie es einfach!"

Weniger ist manchmal mehr. Wer die Standardausdrücke verwendet, wirkt weder unhöflich noch altmodisch, sondern kommt erstens schneller zum Ziel und wird zweitens leichter verstanden.

Wir verlängern aber nicht nur Phrasen, sondern auch einzelne Wörter. Früher wurde ein Thema erörtert; heute ist es oft schon eine Thematik. Auch die Probleme werden immer größer; sie sind inzwischen schon zu ausgewachsenen Problematiken mutiert. Wo einst eine Methode angewandt wurde, bevorzugt man im 21. Jahrhundert nicht selten eine Methodik und wendet dabei nicht mehr nur eine bestimmte Regel oder ein bestimmtes Schema an, sondern eine Regularie oder Schematik. Wer meint, diese sprachlichen Klippen umgehen zu können, indem er auf Fremdwörter verzichtet, der löst ein Problem halt nicht mittels irgendeiner „Methode", sondern auf bestimmte „Art und Weise". Das wäre zwar besseres Deutsch, aber Abzüge in der B-Note gäbe es dennoch: entweder die Art der Problembehebung oder die Weise der Problembehebung reicht völlig. Die beiden Begriffe können in diesem Kontext als synonym betrachtet werden. Andere Wortpaare, die vorwiegend im Doppelpack auftreten, obwohl eines der Wörter genügen würde, sind zum Beispiel: „Grund und Boden", „angst und bange" oder – besonders schlimm – „gang und gäbe".

Wir haben in Einzelfällen auch Einfallsreichtum bewiesen, um Wörter zu verlängern, indem wir ihre Bedeutung verdoppeln. Dieses Phänomen findet man vor allem bei aus Fremdsprachen übernommenen Begriffen. Wir schaffen für das importierte Wort quasi ein „Gegen-Pendant". (pendant = französisch für „Gegenstück"). Die Sprache erreicht durch diese Tricks einen bislang unerreichten „Niveau-Stand".

Dieser ist umso niedriger, wenn Wörter der Umgangssprache verlängert oder in eine sinnlose Phrase gezwängt werden, mit der Absicht, die eigene Ausdrucksweise locker, modern, jung oder kumpelhaft wirken zu lassen. Es ist mir unbegreiflich, wie rasant sich solche Floskeln ausbreiten und wie viele Menschen sie adaptiert haben, ohne sich bewusst zu sein, wie peinlich und einfach nur nervig sie klingen. Beispiele gefällig? „Hallöchen", „Tschüssikowski", „Sodele", „Schicht im Schacht", „Aus, die Maus!", „Zahlemann und Söhne", „Was macht die Kunst?", „Alles gut?" (Nachfolgefloskel von „Alles klar?", noch perverser als „Alles klärchen!" gebräuchlich). Aber auch „Guten Rutsch!" und „Frohes Neues!" gehören in diese Kategorie. Ich muss aufhören, sonst wird mir schlecht...

2.3 Vorsilben-Wahnsinn

Besonders kreativ sind die Deutschen beim Verlängern von Verben durch Vorsilben. Dabei steht außer Frage, dass sich in zahlreichen Fällen aus dem Basis-Verb durch Voranstellen einer Vorsilbe, eines so genannten Präfixes, ein eigenständiges Verb mit einer eigenen Bedeutung ergibt.

Bei Präfixen unterscheidet man zwischen solchen in engerem und in weiterem Sinne. Letztere werden auch Partikel genannt und können – ohne das Verb – in der Regel auch als Präposition verwendet werden. Bei Präfixen im engeren Sinne (z. B. be-, ent- oder ver-) ist eine Trennung vom Verb unzulässig. Partikeln können dagegen auch einzeln stehen.

Hier einige Beispiele, bei denen die Vorsilbe unverzichtbar ist und nicht zur Debatte steht:
- steigen / besteigen / ein- oder aussteigen / auf- oder absteigen...
- halten / behalten / anhalten / aufhalten / abhalten...
- teilen / verteilen / austeilen...

Interessant wird es, wenn eine Vorsilbe das Verb zwar verlängert, ihm aber keinen neuen Sinn gibt. Dies geschieht häufig in unserer täglichen Sprache, ohne dass wir es merken, weil die „verlängerten" Verben uns so vertraut sind, dass wir uns keine Gedanken über sie machen. Wenn Sie beispielsweise gerade jetzt überlegen, welche Meinung Sie zu diesem Thema haben, kann es sein, dass Sie zuvor meine weiteren Ausführungen abwarten möchten. Ebenso können Sie aber auch darauf warten. Hier wird das Verb „warten" in zwei Kombinationen verwendet, die auf den ersten Blick für etwas Gegensätzliches stehen: „(dar)auf" und „ab". Beide Varianten sind transitiv und stehen mit dem Akkusativ. Weil ich Ihre Geduld schätze und Ihnen lieber einige Beispiele zeige als dass ich sie „aufzeige", biete ich Ihnen zur Meinungsbildung Folgendes (an):

Wir können ein Ganzes teilen, es aber ebenso (in seine Komponenten) „einteilen", „aufteilen" oder „unterteilen" (Letzteres interessanterweise mit Betonung auf dem Stamm-Verb!). Dies ist vor allem deshalb bemerkenswert, weil die Bedeutung gleich zu sein scheint, obwohl die Vorsilben auf- und unter- (würde man sie als Präpositionen verwenden) eigentlich auf etwas Gegensätzliches deuten – auf Neudeutsch: „hindeuten". Im Zeitalter der Anglizismen wird im Zusammenhang mit „teilen" auch gern von „splitten" gesprochen. Dabei passiert es allerdings leicht, dass man nicht mehr weiß, ob man besser „splitten" oder „aufteilen" sagen soll, und daraus dann „aufsplitten" wird. - Wer etwas verbessern möchte, kann sich bemühen, den Zustand entweder zu ändern, zu „verändern" oder „umzuändern". Seit einigen Jahren wird auch akzeptiert, wenn man ihn „abändert" oder (vor allem in schriftlichen Dokumenten) sogar „einändert". Ist die Präsentation schließlich inhaltlich korrekt, kann sie vielleicht noch grafisch verbessert, umgangssprachlich aber auch „aufgebessert" werden. Nachdem auch dies geschehen ist, wird sie entweder gedruckt oder „ausgedruckt" – jedenfalls dann, wenn es nötig zu sein scheint, jemandem ein Exemplar entweder zu geben oder zu „übergeben". Nicht immer sind die Anlässe dafür erfreulich; es kann sich dabei zum Beispiel auch um einen Nachruf handeln, nachdem ein Mensch entweder gestorben oder „verstorben" ist.

Es lohnt sich manchmal, seine eigenen Ausdrucksweisen zu prüfen. Wem das zu einfach ist, kann sie auch „überprüfen" oder „nachprüfen". Einige Zeitgenossen halten es inzwischen sogar für klug, die Richtigkeit einer Behauptung vor ihrer Äußerung zunächst „abzuprüfen"! Dies gilt auch für Lernerfolge. In die Grundschul-Literatur, mit der Kindern die deutsche Sprache vermittelt werden soll, hat diese Unsitte längst Einzug gehalten (z. B. Cornelsen-Verlag, „Tinto 3" Arbeitsordner Sprache-Lesen). – Der so häufig gelobte Reichtum an Ausdrucksmöglichkeiten in der deutschen Sprache, einst wichtiges Werkzeug zahlreicher höchst kreativer Poeten, führt heute dazu, dass aus mehreren Tätigkeitswörtern mit vergleichbarer Bedeutung neue Verben entstehen, indem die Präfixe vom einen auf das andere übertragen werden. Dabei müsste man nur manchmal vergleichen, ob ein Verb ohne und mit Präfix einen unterschiedlichen Sinn ergibt (statt zu vergleichen wird allerdings häufig das „Abgleichen" bevorzugt).

Bevor man sich den Kopf darüber zerbricht, ob eine Behauptung geprüft oder abgestimmt werden sollte, wird sie einfach „abgeprüft". Gleiches passiert, wenn aus „abstimmen" und „klären" „abklären" entsteht. Gerade diese Wortgebilde wirken wie Flickwerk; doch Präfix und Verb wurden in diesen Fällen nicht einfach nur geflickt oder zusammengesetzt, sondern „zusammengeflickt". Nicht jedem gefällt dieses Wort – kein Problem: die Pressefreiheit erlaubt dafür alternativ schon immer den Gebrauch der Wörter „gemischt" oder „vermischt", und wenigen fällt es negativ auf, wenn heute etwas „zusammengemischt" wird. Das Niveau der Sprache nimmt dadurch entweder ab oder es sinkt. Nach Meinung einiger Mitmenschen „sinkt es aber auch ab", vielleicht nach dem Vorbild der Temperaturen (laut Wetterbericht). Dabei handelt es sich nicht zwangsläufig um die gleichen Personen, nach deren Meinung Bremsen nur etwas für Verlierer ist und die darum lieber „abbremsen", um beim „Abstoppen" nicht zu hart (und diesmal wirklich) aufzuschlagen.

Eigentlich reicht in vielen Fällen das Verb ohne die Vorsilbe. Anders ausgedrückt: man kann häufig das Verb gelöst von der Vorsilbe verwenden, ohne dass deshalb beim Empfänger etwas falsch verstanden werden kann – nicht einmal dann, wenn das Verb „losgelöst" von der Vorsilbe verwendet wird. Wer dieser Meinung zustimmt, läuft allerdings leicht Gefahr zu behaupten, dass dies eben nicht einfach reicht, sondern „ausreicht".

Sinnvoll ist eine Vorsilbe (in diesem Fall eine Partikel) in der Regel dann, wenn auch das Gegenteil eine sinnvolle Kombination mit dem Verb eingehen kann (auf/zu, auf/ab, an/ab, über/unter, vor/nach, aus/ein) oder wenn sich durch die Partikel eine völlig andere Bedeutung ergibt. Beispiele:
- treiben / übertreiben / untertreiben
- hören / aufhören
- steigen / aussteigen / einsteigen

Am besten ist es vermutlich, wenn Sie es selbst einmal mit verschiedenen Verben probieren oder wahlweise ausprobieren. Wenn Sie dann entscheiden müssen, ob Sie nachdenken oder lieber grübeln wollen, wird mancher womöglich ins Nachgrübeln kommen – immerhin ist dieses Verb durch exzessive Verwendung in der zeitgenössischen Roman-Literatur längst salonfähig. Den Menschen, die in dieser Zeit leben und in Büchern, im Internet, im Radio oder im Fernsehen immer häufiger mit Floskeln dieser Art konfrontiert werden, kann man kaum einen Vorwurf machen, wenn sie Fehler oder fragwürdige Wortkreationen irgendwann aus Gewohnheit übernehmen. Vermutlich ist es nur noch eine Frage der Zeit, bis sämtliche Lektoren so etwas akzeptieren und nicht mehr merken, welchen Unsinn sie vorgesetzt bekommen.

Die Krönung des Ganzen ist übrigens, wenn ein auf diese Weise verlängertes Verb verschiedene, im Grunde gegensätzliche Bedeutungen hat. So wird das Wort „ausbauen" sowohl im Sinne von „erweitern" als auch für „entfernen" verwendet!

Wer sich diesbezüglich ernsthaft Sorgen um die deutsche Sprache macht, wird möglicherweise Maßnahmen fordern, vielleicht auch „einfordern", um diesem Problem entgegen zu wirken. Unklar ist allerdings, wer darüber mit welchen Konsequenzen entscheiden soll. Es müssten nämlich Menschen sein, die über Verbesserungsmöglichkeiten diskutieren und Lösungen planen können, aber auf keinen Fall solche, die diese Lösungen „andenken". Der Vorsilben-Wahnsinn ist offenbar bereits zu fest in unserer Sprache verwurzelt, und den meisten Deutschsprechenden ist das Thema zu unwichtig.

Ein trauriger Höhepunkt dieses Wahnsinns wurde 2009 erreicht, als die Gesellschaft für deutsche Sprache das Wort „Abwrackprämie" zum Wort des Jahres gekürt hat. Sie hat damit zwar nicht das sprachliche Niveau dieses Begriffs honoriert, sondern seine Verbreitung in Zusammenhang mit einem zeitgeschichtlichen Thema, aber es erschreckt dennoch, dass ein Wort, dessen Struktur gegen die Logik verstößt, sich so durchsetzen kann. „Abwracken" ergäbe nur einen Sinn, wenn man auch „aufwracken" oder „anwracken" könnte. Dazu müsste allerdings zunächst das Stammverb „wracken" etabliert werden. Im Duden stehen jedenfalls nur das Substantiv „Wrack" und das Adjektiv „wrack". Das Verb „wracken" wurde bislang nie vermisst, weil es dafür den Begriff „verschrotten" gibt. Hätte der Verfasser der ersten Rede oder des ersten Artikels, in der/dem die Prämie zur politischen Diskussion gestellt wurde, etwas mehr sprachliches Geschick bewiesen, hätten wir vermutlich ein Wort des Jahres namens „Verschrottungsprämie" gehabt.

2.4 Doppelte Präpositionen

Präpositionen sind – wie wir im vorigen Abschnitt gelernt haben – im deutschen Sprachgebrauch der Jetzt-Zeit sehr beliebt. Dies drückt sich nicht nur in der Vielfalt ihrer Kombination mit Verben aus. Häufig finden wir sie auch an durchaus passender Stelle, dann aber gleich doppelt. Folgende Sätze sind nicht ungewöhnlich:

- Wir gingen einmal *um* den See *herum*.
- Die Straße führt *auf* den Berg *hinauf* (alternativ: *rauf*). – Wenn die Steigung betont werden soll, wäre „Die Straße führt den Berg hinauf" besser. Wenn das Ziel (also der Berg) betont werden soll, kann das Wort „hinauf" entfallen.
- *Auf* dem Foto ist die ganze Familie *drauf*. – Diese Formulierung ist auch als Umgangssprache noch schlechtes Deutsch. Besser wäre „...abgebildet" oder „...zu sehen".
- Das Etikett hängt noch *an* der Jacke *dran*.
- Ich kam gerade *ins* Büro *rein*. – Ohne das jeweils letzte Wort ergäbe sich exakt der gleiche Sinn, und niemand würde sich an einer solchen Satzbildung stören.
- Er ist gerade *aus* dem Bus *aus*gestiegen. – „Aus dem Bus gestiegen" würde völlig genügen; es sagt ja auch niemand „aus der Dusche ausgestiegen".
- Ich habe aus reiner Langeweile *heraus* den Fernseher eingeschaltet. – „Heraus" ist überflüssig und falsch, denn es drückt eine Richtung aus, die es in diesem Zusammenhang nicht gibt. Man sagt ja (bisher...!) auch noch nicht: „Das geht schon in Ordnung *hinein*." Gerade dieses Herauskommen liegt ganz schwer im Trend. Manche Menschen grüßen „aus dem Urlaub *heraus*", andere handeln „aus bestimmten Beweggründen *heraus*".

Manche schaffen es sogar, mehrere Präpositionen-Paare in einem einzigen (schlechten) Satz unterzubringen. So wie hier: „Wir nahmen nicht die Fähre *über* den Ärmelkanal *rüber*, sondern fuhren mit dem Zug von Frankreich nach England *durch* den Eurotunnel *unter* dem Kanal *drunter durch*."

Im Gegensatz zu den Verb-Erweiterungen mit unnötigen voranstehenden Partikeln beschränken sich Beobachtungen dieser Art zum Glück bisher auf die Verbalsprache. Doch es scheint nur eine Frage der Zeit zu sein, bis auch Artikel in Tageszeitungen, bei deren Erstellung keine Zeit für eine Qualitätssicherung durch Lektoren bleibt, sowie Zeitschriften oder Bücher betroffen sein werden. Spätestens dann muss man wohl feststellen, dass die deutsche Sprache „über den Jordan rüber" gegangen ist. Und irgendwann haben wir uns vielleicht so daran gewöhnt, dass es uns nicht mehr „auf den Geist drauf" gehen wird.

23

2.5 Die Tücken vom Genitiv und andere Stilfragen

Der Genitiv wird seltener benötigt und prägt sich einem Deutsch-Lernenden allein deshalb normalerweise schwerer ein als Dativ und Akkusativ. Dies wundert nicht, wenn man sich folgende Varianten ansieht, die der „2. Fall" eines Substantivs in Kombination mit Artikel und Adjektiv bilden kann:

des Jahres, eines Jahres, dieses Jahres, nächsten Jahres, dieses ganzen Jahres

Man kann die Verwendung des Genitivs mit einem einfachen Trick umgehen – freilich unter Verlust stilistischen Niveaus (!) – indem man zum Dativ in Verbindung mit der Präposition „von" wechselt:

vom (von dem) Jahr, von einem Jahr, von diesem Jahr, vom nächsten Jahr, von diesem ganzen Jahr

Die englische Sprache und romanische Sprachen funktionieren bezüglich des Genitivs in genau dieser Form, ohne dass es für uns nach schlechtem Stil klingt. Genau genommen existieren dort im engeren Sinn auch Dativ und Akkusativ nicht, weil weder das Substantiv noch ein mögliches Begleit-Adjektiv durch die Beugung (Deklination) eine Änderung erfährt. Betrachten wir aber hier den Genitiv: Millionen strömten in die Kinos, um „Lord of the Rings" (Herr der Ringe) zu sehen. Die wörtliche Übersetzung lautet „Herr von den Ringen". Der europäischen Gesangswettbewerb kannten wir jahrzehntelang als „Grand Prix Eurovision de la Chanson", also wörtlich „Großer (Eurovisions-) Preis von dem Lied". Wer gern seinen Urlaub am Mittelmeer verbringt, reist beispielsweise an die „Costa del Sol" (Küste von der Sonne). In diesen Sprachen gibt es keinen wirklichen Genitiv, sondern er wird durch eine einfache Verbindung einer Präposition mit dem Dativ gebildet. Warum muss die deutsche Sprache hier wieder komplizierter sein als nötig? Auf den lateinischen Ablativ können wir doch auch gut verzichten, obwohl so vieles in unserer Sprache Ursprünge im alten Rom hat und die römische Kultur doch bei vielen Menschen als eine Wiege der westlichen Zivilisation gilt.

Auch andere germanische Sprachen haben längst eine praktische Lösung für den „zweiten Fall" gefunden. Die niederländische Lösung entspricht der englischen: „van", „van de" oder „van't" entsprechen „of" bzw. „of the". Auch Skandinavier machen es sich leicht, indem sie einfach ein s an das Substantiv oder den Namen hängen. Auf Schwedisch sagt man beispielsweise „Brudens far" (Vater der Braut) oder „Varbergs Fästning" (Festung von Varberg). Oder man stellt ebenfalls eine Präposition wie „till" (zu), „av" (von), „i" (in) oder „på" (auf) vor das Substantiv: „baksidan av stolet" (die Lehne des Stuhls / wörtlich: die Rückseite von der Stuhl); „mitt i ett år" (die Mitte eines Jahres / wörtlich: die Mitte in ein Jahr).

Neben der Funktion im „besitzanzeigenden" Zusammenhang begegnet uns der Genitiv vor allem in Kombination mit Präpositionen. Jede Präposition ist fest einem grammatischen Fall (Kasus) zugeordnet, die meisten dem Genitiv, z. B. anstatt, bezüglich, zugunsten, jenseits, trotz, während und wegen. In der Umgangssprache wird allerdings häufig der Dativ verwendet, wenn eigentlich der Genitiv zu benutzen wäre, besonders nach „wegen". Heißt es nun „deinetwegen", „wegen deiner" oder „wegen dir"? Wer soll da den Überblick behalten?! Die bayerische Sängerin Nicki war erfolgreich mit dem Schlager „Wegen dir", Stefan Gwildis sang „Nur wegen dir" als deutsche Version eines Hits von Van Morrison, und auch Max Raabe bekannte „Ich bin nur wegen dir hier". Wen störten diese Titel (in sprachlicher Hinsicht)? Ich wage die Prognose, dass in den nächsten Jahren, vielleicht Jahrzehnten, immer häufiger der Dativ an die Stelle des Genitivs treten wird. Es ist somit nur eine Frage der Zeit, bis dies für die jeweilige Präposition auch offiziell toleriert wird. Die deutsche Sprache käme ohne Genitiv aus!

Manchmal gilt etwas Gesagtes oder Geschriebenes als schlechtes Deutsch, obwohl das „gute Deutsch", das man stattdessen verwenden müsste, komplizierter, schwieriger und teilweise sogar logisch zweifelhaft ist. Die Umschreibung des Genitivs durch „von" plus Dativ ist nur ein Beispiel dafür.

Ähnlich verhält es sich mit zahlreichen Fragewörtern: *Wofür* steht das Kürzel NRW? *Worüber* ärgerst du dich am meisten? *Worauf* freust du dich? *Woraus* besteht diese Substanz? *Worin* besteht die Gemeinsamkeit zwischen den hier verwendeten Fragewörtern? – An all diesen Formulierungen ist sprachlich nichts auszusetzen. Und um die letzte Frage zu beantworten: Die offensichtliche Gemeinsamkeit der Fragewörter besteht darin, dass sie mit „wo" beginnen, gefolgt von einem Bindungs-r und einer Präposition. Für sich allein betrachtet beinhaltet „wo" allerdings eine spezifische Bedeutung, nämlich die Frage nach einem Ort. Die möglichen Antworten zu den soeben in den Beispielen gestellten Fragen sind dagegen ausnahmslos ohne lokalen Bezug. Betrachtet man die Sprache in diesen Fällen streng logisch, wird immer ein Objekt erfragt, genauer: eine Sache oder ein Sachverhalt. Nach einem ortsneutralen Objekt wird in unserer Sprache in der Regel die Frage „was?" gestellt. Folglich müssten Sprachwissenschaftler eigentlich anerkennen, dass die gleichen Fragen, beginnend mit „Für was?", „Über was?", „Auf was?", „Aus was?" oder „In was?", richtigeres Deutsch wären.

Schwierigkeiten, mit denen die deutsche Sprache nicht als einzige, aber in besonderem Maße belastet ist, treten im Zusammenhang mit Verben auf. Die Konjugation sieht jeweils eigene Endungen für die erste, zweite und dritte Person vor, abhängig von Singular und Plural sowie der Zeitform. Wenn das Verb unregelmäßig ist, bleibt es nicht bei den Endungen. Sogar die Stamm-Vokale ändern sich häufig, z. B. „essen": Ich esse, du isst, ihr esst, wir aßen, gegessen. – Kaum zu glauben, dass all diese Formen einen gemeinsamen Infinitiv haben!

In der Verbalsprache haben die Deutschen und ihre Nachbarn eine Schwierigkeit bereits überwunden, wenn es um die Tempi der Vergangenheit geht. Statt des grammatisch korrekten Präteritums (einfache Vergangenheit) wird normalerweise das Perfekt (vollendete Gegenwart) benutzt. Der Vorteil liegt darin, dass man nur die Konjugation der Hilfsverben „haben" und „sein" verinnerlicht haben muss, das Vollverb jedoch in jeder Person in Gestalt des ungebeugten Partizips II auftritt. Kaum jemand sagt im Gespräch „Wir aßen gestern Pizza", sondern „Wir haben gestern Pizza gegessen". Niemand stört sich heute noch an diesem so genannten Berichts- oder Erzählmodus. Auch in Briefen oder E-Mails hat sich Perfekt durchgesetzt. Dagegen wird in der Literatur die korrekte Vergangenheitsform verwendet (z. B. „Sie öffnete das Fenster und atmete die frische Luft ein" anstelle von „Sie hat das Fenster geöffnet...").

Wann setzt sich ein Trend durch, auch die Konjugation im Präsens überflüssig zu machen bzw. auf die Hilfsverben zu beschränken? „Ich tu gerade fernsehen", „Tust du mich anrufen?", „Ganz Köln tut Karneval feiern" usw. – Ja, das klingt in der Tat nicht nur wegen des Karnevals schaurig, aber nicht besser ist eine Variante, die – regional unterschiedlich ausgeprägt – zur Erwähnung bestimmter Tätigkeiten schon gebräuchlich ist: „Ich bin am fernsehen", „Ganz Köln ist am Karneval (am) feiern". Und wenn wir einmal mehr einen Vergleich mit der englischen Sprache ziehen, stellen wir dort fest, dass „tun" plus ungebeugtes Vollverb die unerschütterliche und von allen akzeptierte Regel zur Bildung von Fragesätzen darstellt, wenn kein anderes Hilfsverb möglich ist: „*Do* you like a cup of tea?", „What *does* the Queen wear?", „When *did* Wayne Rooney join Manchester United?". Ich möchte die Verbreitung des „Tut-tut" zwar nicht fördern, kann aber nicht leugnen, dass auch in dieser Hinsicht die deutsche Sprache umständlicher und inkonsequenter geregelt ist

als es notwendig wäre. Inkonsequent deshalb, weil Fragen mit anderen Hilfsverben im Deutschen genau wie im Englischen gehandhabt werden, nämlich
mit Infinitiv beim Vollverb: „*Können* Sie mir sagen...", „*Willst* du noch ein
Bier trinken?", „*Muss* ich morgen arbeiten?" usw.

Ein von Lernenden oft gehörtes Argument, warum sie Deutsch als schwer
empfinden, beinhaltet die Genera (Geschlechter). In dieser Hinsicht befindet
sich unsere Sprache in zahlreicher Gesellschaft. Auch wir verwechseln leicht
manchmal die italienischen Artikel „il" und „la", oder „un" und „une" beim
Versuch, ein paar Französisch-Vokabeln anzuwenden (von den unterschiedlichen Endungen bei Adjektiven ganz zu schweigen), oder „de" und „het" in der
niederländischen Sprache. Ein Substantiv, das in der deutschen Sprache männ-
lich ist (z. B. „der Stuhl"), kann problemlos auf Französisch weiblich („la
chaise") und auf Schwedisch sächlich („stolet") sein. Wenn ein solcher Fehler
im Gespräch passiert, versteht einen der Gegenüber natürlich trotzdem (auch
wenn sich in Frankreich manche Leute vielleicht dumm stellen...). Dennoch
bin ich überzeugt, dass sich Englisch als Weltsprache auch deshalb durchgesetzt hat, weil es nur „the" gibt und die englische Grammatik denkbar einfach
ist. Deshalb hätte ich überhaupt kein Problem damit, falls sich in der deutschen
Sprache in dieser Hinsicht irgendwann einmal der Slang einiger Migranten
durchsetzen sollte, die nach englischem Vorbild als bestimmten Artikel ausschließlich „de" verwenden.

Und die Höflichkeitsform „Sie" könnte dann gleich mit abgeschafft werden.
Zwar wird in vielen Ländern zwischen vertrauter und förmlicher Anrede unterschieden, doch Deutsch ist auch bei diesem Thema wieder eine Spur vertrackter und unlogischer. Der Begriff „Anrede" impliziert doch, dass eine Person
(im grammatischen Sinn somit die zweite Person) angeredet wird. Dafür stehen die Personalpronomen „du" oder „ihr" zur Verfügung. Wenn nun für eine
einzelne angeredete Person nicht das vertrauliche „Du" gewählt werden soll,
läge es eigentlich nah, für die Höflichkeitsform die zweite Person im Plural zu
benutzen. In der deutschen Sprache ist diese Form aber antiquiert. Sätze wie
„Mein Herr, was wünscht Ihr zu speisen?" begegnen uns nur noch in der klassischen Literatur oder alten Filmen. Das Siezen beinhaltet nichts anderes als
die dritte Person im Plural. Das wirkt, neutral betrachtet, als ob der Sprecher
über jemanden redet, der gar nicht anwesend ist. Die meisten Deutschen denken aber gar nicht darüber nach, wie widersinnig das ist. Eine junge Mutter
erklärt ihrem Kleinkind wie selbstverständlich „Die Mama hat dem Jan-Lukas
etwas mitgebracht" (statt „Ich habe..."), und in der Bahn höre ich täglich „Das
Lok- und Zugpersonal begrüßt die Fahrgäste..." (statt „Wir begrüßen Sie...").

Dabei ist die zweite Person Plural für die Höflichkeit in anderen Sprachen noch immer absolut hoffähig. „Wollen Sie..." heißt auf Französisch natürlich nicht „Veulent-ils...?", sondern „Voulez-vous...?".

Ich könnte noch weitere Vereinfachungsvorschläge nennen, z. B. immer die Struktur Subjekt-Prädikat-Objekt beizubehalten, sowohl in Haupt- als auch in Nebensätzen. Letztlich werden sich aber Gewohnheiten der Verbalsprache nicht spürbar durch neue Regeln ändern lassen. Wenn unsere Sprache eine realistische Chance auf Erleichterung hat, dann nur im Rahmen einer umfassenden Reform der Rechtschreibung, von der man beim Sprechen nichts merkt.

3 Rechtschreibreformen 1996-2006

Bevor im Jahr 1996 ein Konsens zur Reform der Rechtschreibung der deutschen Sprache gefunden war, hatten Germanisten aus vier Staaten, in denen Deutsch Amtssprache war, über einen Zeitraum von über fünfzehn Jahren an dem Projekt gearbeitet. Zeit genug, könnte man meinen, um der Rechtschreibung ein zukunftsfähiges und belastbares Regelwerk zu geben, welches von den meisten deutsch sprechenden Menschen verstanden und akzeptiert werden kann.

Das Resultat ist bekannt. Experten und solche, die sich dafür hielten, bliesen zum Sturm der Empörung. Sie forderten wahlweise den ersatzlosen Verzicht auf die Reform und somit die Beibehaltung des Status Quo oder zumindest die Aufweichung erheblicher Teile der neuen Regeln, sowie Ergänzungen, weil sich nach ihrer Meinung durch die Reform neue Interpretationsspielräume und Mehrdeutigkeiten ergeben haben.

Die neuen Regeln, die in Deutschland ab dem 1. August 1998 gültig waren und nach einer bis 31. Juli 2005 befristeten Übergangzeit verbindlich sein sollten, stießen auf erbitterten Widerstand bei Schriftstellern, Verlagen, Germanisten, Historikern, Lehrern, Eltern und der Allgemeinheit. Auf der Frankfurter Buchmesse von 1996 wurde die „Frankfurter Erklärung" initiiert, die von zahlreichen Autoren und Verlegern getragen wurde und den Stopp der Reform zum Ziel hatte. Es gab Volksentscheide in mehreren Bundesländern sowie Verfassungsklagen. In der Boulevardpresse wurde gegen die Reform propagiert und sie als „Schlechtschreibung" bezeichnet. Die Kultusminister der deutschen Bundesländer beschlossen dennoch, am Einführungstermin August 2005 festzuhalten.

Aufgrund der zahlreichen kritischen Anmerkungen wurde jedoch die ursprüngliche Reform von einer zwischenstaatlichen Kommission und anschließend vom „Rat für deutsche Rechtschreibung" überarbeitet. Einige Regeln wurden zurückgenommen, andere aufgeweicht, die meisten wie vorgesehen eingeführt. Die dritte und bislang endgültige Fassung der Rechtschreibreform trat am 1. August 2006 in Kraft.

Leidtragende des jahrelangen Konflikts waren vor allem Lehrer, Eltern und Kinder, die seit 1998 die neuen Regeln lehren und lernen mussten, sich aber täglich mit den alten Schreibweisen konfrontiert sahen. Sie hatten es nicht mit einer freiwilligen „linguistischen Renovierungsmaßnahme" zu tun, sondern mit einem Gesetz. Streng genommen haben also diejenigen, die nach dem 31. Juli 2005 vorsätzlich die neuen Regeln ignoriert haben, das Gesetz missachtet. Noch immer werden die gültigen Regeln in der schreibenden Zunft nicht allgemein akzeptiert. So verwenden beispielsweise einige Presseagenturen eine Art „Hausorthographie", welche in einigen Details nach wie vor die Schreibweisen von 1997 beinhaltet.

Die Reform von 1996 war besser als ihr Ruf. In vielen Dingen wurden Schreibregeln tatsächlich einfacher und logischer gemacht. Beispielsweise sah ich durchaus vernünftige Ansätze bei der Getrenntschreibung (damals zusammen gesetzter bzw. jetzt wieder) zusammengesetzter Verben und Adjektive, bei der Streichung überflüssiger (weil nicht gesprochener) Buchstaben wie in Joghurt oder rauh oder bei der an der gesprochenen Sprache orientierten Silbentrennung, wonach in einigen Fällen Silben getrennt werden durften, wenn sie aus nur einem einzelnen Buchstaben bestehen (z. B. Golda-der, Ü-bung oder Treu-e – inzwischen sind diese Beispiele übrigens wieder verboten).

Dass die Reform dennoch so vehement bekämpft und verdammt wurde, hätte möglicherweise vermieden oder gemildert werden können, wenn man die Diskussion und die Regelfindung öffentlich ausgetragen und allen deutsch sprechenden Interessierten die Möglichkeit gegeben hätte, den jahrelangen Prozess aufmerksam zu verfolgen. Stattdessen wurden Deutsche, Österreicher und Schweizer vor vollendete Tatsachen gestellt. In vielen Fällen lag die Ursache der Ablehnung der Rechtschreibreform – Hand aufs Herz! – vor allem in Bequemlichkeit sowie mangelnder Bereitschaft und Vorstellungskraft. „Um

Gottes Willen, wie sieht denn das aus?!", „Das sehe ich gar nicht ein, mich umzugewöhnen!", „Das war schon immer richtig so. Warum muss das jetzt plötzlich anders werden?" – Solche und ähnliche Reaktionen waren nicht ungewöhnlich. Wir Deutschen sind bekanntlich gut im Jammern und öffnen den Mund oft schon, bevor das Gehirn eingeschaltet wird. Gerade das Argument, dass die herkömmliche Schreibweise „schon immer" so war, ist schlicht absurd. Sprache durchläuft einen ständigen Wandel – das gilt für das gesprochene wie für das geschriebene Wort. Ein Blick in alte Bücher, Zeitschriften, Archive genügt, um sich davon zu überzeugen. Man muss gar nicht bis zu Walther von der Vogelweide zurückgehen, auch nicht zu den Klassikern des 18. Jahrhunderts. Zum Teil genügen Dokumente aus der ersten Hälfte des vergangenen Jahrhunderts, um Schreibweisen und grammatische Details zu entdecken, die damals regelkonform und „normal" waren, von Deutschlehrern im Jahr 1990 aber als falsch angestrichen worden wären. Als Beispiel sei genannt, dass im Dativ bei männlichen und sächlichen Substantiven vor wenigen Jahrzehnten generell ein –e angefügt wurde („Ein Männlein steht im Walde", „vom Stamme der Apachen", „Warnung vor dem Hunde", „im Jahre 1949"). In den letzten vierzig Jahren hat es vermutlich keinen Deutschen gestört, wenn jemand mitgeteilt hätte, dass er sich „im Jahr 1969 aus Angst vor dem Hund im Wald versteckt hat".

Mit der heute gültigen Rechtschreibung und der ihr zugrunde liegenden Reform wurde eine große Chance vertan. In einer Zeit, in der Menschen immer mehr und schneller mit neuen Medien und Trends konfrontiert werden, nimmt zwangsläufig – gewollt oder ungewollt – das Wissen um und das Gespür für die Traditionen der eigenen Sprache ab. Parallel ermöglicht die Globalisierung und die Leichtigkeit weltweiter Kommunikation immer schneller und einfacher die Adaption fremdsprachlicher Begriffe in die eigene Sprache. Anstatt um jeden Preis die deutsche Sprachkultur zu hüten, wäre eine Modernisierung und Vereinfachung wichtig gewesen. Junge Menschen mit Muttersprache Deutsch können die Werke der Klassiker teilweise gar nicht verstehen, weil zwischen der Sprache Goethes und der modernen Umgangssprache gravierende Unterschiede bestehen. Die Deutschsprecher der Jetzt-Zeit leben mit unzähligen privaten Fernsehsendern, modernsten elektronischen Geräten und natürlich dem Internet. Man muss diese Entwicklung nicht bejubeln, aber man kann sie auch nicht ignorieren. Für das langfristige Überleben einer Sprache ist es wichtig, sie transparent und verständlich zu halten, moderne Begriffe zu integrieren und der vermeintlichen Bedrohung durch die Internet-bedingte Übermacht des Englischen dadurch zu begegnen, dass man die deutsche Sprache im Gegenzug auch Ausländern gegenüber attraktiv macht. Dies kann nicht gelingen, solange sie vor allem eine kunstvolle, stilvolle, mit Alternativen und grammatischen Details überhäufte Sprache der „Dichter und Denker" ist. Wer einmal überlegt, wie viele Feinheiten im Deutschen allein in grammatischer Hinsicht existieren, der kann eigentlich jeden Ausländer nur bedauern, der Deutsch lernen will oder muss.

Da es fraglich ist, ob die Verbreitung umgangssprachlicher Mängel je gestoppt oder zumindest reduziert werden kann, wäre es umso wichtiger, wenigstens bei der Rechtschreibung mit mutigen Reformen eine erhebliche Vereinfachung einzuleiten. Dieses Buch kann hierzu lediglich Denkanstöße geben. Ohne die Gnade der Sprach-Hüter, der War-schon-immer-so-Geister und der Bequemen können die Vorschläge niemals zu Regeln werden. Deshalb werden die Vorschläge, die ich Ihnen im Folgenden präsentieren werde, zunächst mit dem Arbeitstitel „D2050" bezeichnet. Vielleicht erinnert sich bei der nächsten Reform jemand daran, dass da mal jemand, ganz ohne literarische Expertise und ohne ein Germanistik-Studium, seinen Verstand benutzt hat, um zu zeigen, wie einfach (und damit relativ leicht lernbar) deutsche Rechtschreibung sein könnte.

Ich werde in den folgenden Kapiteln auf alle wesentlichen Aspekte der Rechtschreibung eingehen und die erarbeiteten Neuerungen Schritt für Schritt immer mehr verwenden, parallel zum Lernfortschritt im Verlauf des Buches.

4 Orthografie

4.1 Abschaffung des „ß"

Zu diesem Thema hat der „Rat für deutsche Rechtschreibung" eine erstklassige Chance vertan. Zwar wurde das ß nach kurz gesprochenen Vokalen durch „ss" ersetzt („Fluss", „gewiss", „anlässlich", „müsste", „Prozess"). Allerdings hat man es nach langen Vokalen beibehalten, was durchaus als inkonsequent angesehen werden darf. Dies gilt umso mehr, da in der Schweiz bereits vor der Reform kein ß verwendet wurde. Wenn jemand sein Bewerbungsschreiben um einen Job in Basel oder Zürich „mit freundlichen Grüssen" abschloss, verwendete er eine anerkannte Grußformel und musste keine Angst haben, wegen mangelhafter Rechtschreibkenntnisse abgelehnt zu werden. Hier ist die Ehrfurcht vor der Tradition fehl am Platz. Das ß existiert in keiner anderen Sprache. Man hätte den nicht deutsch sprechenden Völkern einen großen Gefallen getan, wenn man generell „ss" erlaubt hätte, also auch nach langen Vokalen. Natürlich kommt an dieser Stelle gern der Einwand, dass dann der Eindruck entstehen könne, der Vokal müsse kurz gesprochen werden. Beliebtes Beispiel: „in Maßen" / „in Massen". Da das Argument mit der Schreibweise bei kurzen und langen Vokalen erst in einem späteren Kapitel entkräftet wird, verweise ich zunächst nur darauf, dass die deutsche Rechtschreibung auch abseits des ß von Zweideutigkeiten wimmelt. In „hat" wird das A kurz gesprochen. In „Rat" oder „Tat" oder „tat" (dritte Person Singular Präteritum von „tun") wird es lang gesprochen. Niemand käme auf die Idee, das t in diesen Fällen unterschiedlich zu schreiben (also doppelt bzw. einfach) oder zu ersetzen. A propos „tun" (mit langem u): die Vorsilbe „un" wird im Gegensatz dazu mit kurzem Vokal gesprochen. Und nur weil „Sinn" oder „Kinn" mit kurzem I gesprochen wird (was durch die Konsonantenverdopplung hier eindeutig ist), leitet kein Mensch daraus ab, dass bei „in" wegen des einzelnen N dann der Vokal lang gesprochen werden muss. Sie sehen, mit Logik kommen wir hier nicht weit. Das Argument, dass das ß die kurze oder lange Aussprache anzeigt, ist zu schwach, weil es für andere Konsonanten nichts Vergleichbares gibt.

Noch unverständlicher wird das Festhalten am ß, wenn man sich bewusst wird, dass es hierfür bis vor kurzem nicht einmal einen Großbuchstaben gab. Auf unzähligen Schildern hieß die hessische Stadt „GIESSEN" statt „Gießen" (Haben Sie das raffinierte Wortspiel bemerkt?). Anstatt zu Gunsten des Fortschritts einen Mangel einzugestehen und das ß (auch klein) abzuschaffen, um der Frage nach der Umgehung bei Großschreibungspflicht auszuweichen, wurden Ideen und Entwürfe entwickelt und wieder verworfen, bis dann verkündet wurde: „Das große ß ist endlich da". Es sieht aus wie das griechische „beta". Je nach verwendeter Schriftart unterscheidet es sich entweder nicht vom kleinen Bruder oder es ähnelt so sehr dem großen B, dass es zu absurden Verwechslungen kommen und die Lesbarkeit schwer beeinträchtigt werden kann.

Es ist den Sprachwissenschaftlern ja anzurechnen, dass ihnen dieser Mangel überhaupt bewusst war. Doch ein Buchstabe, der „esszett" ausgesprochen wird (weil er eine Verschmelzung des scharfen, dem kleinen F ähnelnden, und des weichen, wie das Schreibschrift-Z aussehenden S aus der Sütterlin-Schrift darstellt) und keine Großschrift-Ausprägung hat, hätte ebenso durch ein echtes „esszett", also klein sz bzw. groß SZ ersetzt werden können. In mehreren slawischen Sprachen wird für einen identischen Klang übrigens genau diese Buchstabenkombination benutzt. Beispielhaft sei der (ungarische) Name des Komponisten Franz Liszt genannt.

FAZIT: Das ß wird bis auf weiteres (bis zum Kapitel zur Kurz- oder Lang-Definition) in der Sprache D2050 ausnahmslos durch ss ersetzt.

4.2 Abschaffung des „ph"

In die gleiche Kerbe schlägt dieser Vorschlag. Warum soll es bei gleicher Aussprache unterschiedliche Schreibweisen geben? Die Standardantworten auf diese Frage lauten: Tradition, Herkunft, Sprachgeschichte... Ähnlich wie beim ß hat die Reform von 1996 hier ein wenig Unheil beseitigt. Wörter wie Fotografie, Delfin oder Polyfonie darf man jetzt mit f statt ph schreiben. Allen gemeinsam ist der griechische Ursprung. Es ist mir unerklärlich, warum man die Regelung nicht einheitlich gestaltet hat. Lehrer zücken nämlich geschwind den Rotstift, Germanisten rümpfen angewidert die Nase, wenn ihnen Wörter wie „Filosofie", „Fosfor" oder „Fysik" begegnen. Saßen in der Kommission, die diese Regel beschlossen hat, etwa lauter Phillips, Philomenas oder Christophs, die Angst hatten, dass bei einer einheitlichen F-Schreibweise irgendwann auch ihr Vorname in Frage gestellt werden könnte und dann die Rennerei nach Ersatz-Dokumenten, neuem Briefpapier oder einem neuen Stempel beginnen würde, von Gravuren in Eheringen oder gar Tätowierungen ganz zu schweigen...

An die Spitze der Inkonsequenz haben es übrigens die „Grafen" geschafft. Wie erwähnt dürfen Fotografen und Grafiker sich jetzt so schreiben, und auch ein Seismograf kann inzwischen auch mit einem F verwendet werden (wenn er geeicht ist). Das Stammwort „Graph" hingegen (griechisch für „Schrift") soll man laut Duden nach wie vor mit ph schreiben, auch wenn nach der aktuell gültigen Rechtschreibung (bzw. Orthografie) beide Alternativen zulässig sind.

Es gibt „phonetisch" keinen Unterschied zwischen ph und f. Wir müssen wir uns nicht nur deshalb an das ph klammern, nur weil es im Englischen noch getan wird. Andere Sprachen wie Italienisch oder Schwedisch sind hier praktischer veranlagt, orientieren sich stark am gesprochenen Wort und verzichten auf ph.

FAZIT: Wörter, in denen aufgrund ihrer Herkunft bisher ph geschrieben wird, dürfen mit F geschrieben werden, wenn es wie F klingt. Im deutschen „Alfabet" gibt es eine eindeutige Entsprechung dieser gesprochenen Konsonanten-Kombination, und das ist das F. Hier sollten „Fonetik" und „Ortografie" Hand in Hand gehen. Dieser Meinung ist übrigens auch die Lautschrift, das „Internationale Phonetische Alphabet" (!!!), abgekürzt IPA. Werdende Eltern, die ihre Kinder unbedingt „Phillipp" oder so ähnlich nennen wollen, sollten sich trauen, auch in Namen ein F zu schreiben, wo man eines hört. Wenn Mädchen „Madlen" oder „Collien" heißen dürfen, sollten Jungen auch „Kristof" oder „Filip" geschrieben werden dürfen.

4.3 Ersetzung des gesprochenen „x"-Lautes

Sie lesen richtig: Das X soll nicht abgeschafft werden wie das ß, aber Wörter, die wir heute mit X schreiben, werden ebenfalls einer grundlegenden Neuregelung unterzogen. Damit wird dieser Buchstabe für eine neue Verwendung frei, auf die ich schon bald eingehen werde. Ich würde allerdings nicht einfach nach dem Würfelprinzip Buchstabendefinitionen tauschen, wenn es nicht logische Gründe gäbe, die dafür sprechen.

Wo heute ein X geschrieben wird, wird nichts anderes gesprochen als eine Kombination aus K und S. Versuchen Sie es einfach mal: „Axel und Alexandra kraxeln fix ins Hexenhaus". Stünde hier „Aksel und Aleksandra krakseln fiks ins Heksenhaus", würden Sie es vermutlich genauso aussprechen. Bei den beiden Vornamen fällt es Ihnen leichter als bei den übrigen Wörtern? Das liegt vermutlich nicht daran, dass Sie bei Namen ohnehin eine gewisse Toleranz gewohnt sind (ich erinnere an unseren Kristof als Gegenbeispiel), sondern dass Ihnen gerade diese Namen in dieser Schreibweise bereits begegnet sein könnten. In slawischen und skandinavischen Sprachen wäre das jedenfalls kein Zufall.

FAZIT: Wo „ks" gesprochen wird, soll auch so geschrieben werden. Das X in seiner heutigen Verwendung entfällt.

4.4 Ersetzung des gesprochenen „z"-Lautes

Diese Regel schließt nahtlos an die vorige an, da sie auf vergleichbaren Erkenntnissen basiert. Auch das Z ist phonetisch in der deutschen Sprache kein selbstständiger, einzelner Konsonant, sondern eine Kombination aus T und S. Probieren Sie selbst: „Zwischen zwei Zwetschgenzweigen..." Also gut, damit Ihre Zunge nicht bricht: „zwanzig Zentner Zement", „harziges Zedernholz". Gegenprobe: „tswantsig Tsentner Tsement", „hartsiges Tsedernholts".

„Tsugegeben", das sieht „tsunächst" merkwürdig aus – eben: „merk-würdig" – denn es lohnt sich, sich daran „tsu" gewöhnen. Dem erweiterten Infinitiv sei Dank: Es würde nicht lange dauern, bis Sie dieses Schriftbild ganz normal fänden.

Natürlich enthebe ich das Z ebenfalls nicht ohne einen Hintergedanken seiner Funktion. Es wird nämlich frei für eine ganz wichtige neue Rolle.

FAZIT: Wo „ts" gesprochen wird, soll auch so geschrieben werden. Das Z in seiner heutigen Verwendung entfällt.

4.5 Rationalisierung des „sch"

„Ratio" ist das lateinische Wort für „Vernunft". Im Gegensatz zu den beiden letzten Betrachtungen, in denen jeweils ein einzelner Buchstabe dem Sprachapparat unseres Körpers zwei Laute und somit jeweils eine Kombination aus zwei gesprochenen Konsonanten abverlangte, haben wir es hier mit der umgekehrten Konstellation zu tun: man kann „sch" noch so langsam aussprechen; es erschließt sich dennoch keine Möglichkeit, diesen Laut in einzelne Bestandteile zu zerlegen. „Vernünftig" finde ich es nicht gerade, dafür gleich drei Buchstaben zu verbrauchen.

Da es bei D2050 aber nicht darum gehen soll, zusätzliche Schriftzeichen einzuführen, und wir auch in Zukunft mit dem römischen Alphabet auskommen wollen, können wir nicht einfach etwas völlig Neues erfinden oder einen Buchstaben, der in D2050 nicht mehr benötigt wird, einem komplett fremden, aus jedem Zusammenhang mit dem IPA gerissenen Klang zuweisen. Es bleibt also die Möglichkeit, den „Zischlaut" zumindest um einen Buchstaben, nämlich das C zu kürzen.

Sich hieran zu gewöhnen dürfte uns leichter fallen als manche andere Neuerung, da uns die Schreibweise „sh" für die Aussprache „sch" aus anderen Sprachen bereits bekannt ist. Kniffliger ist in diesem Zusammenhang die Entscheidung darüber, wie mit den Konsonantenkombinationen umgegangen werden soll, die wie „sch" klingen, aber bislang nicht so geschrieben werden. Gemeint sind die Buchstabenpaare „st" und „sp".

Zu diesem Aspekt habe ich mich von der Erkenntnis leiten lassen, dass es allgemein als Standarddeutsch akzeptiert wird, wenn sie wie „scht" bzw. „schp" ausgesprochen werden, sofern sie gemeinsam am Anfang einer Silbe stehen. Dagegen gilt das „s-prichwörtliche S-tolpern über den s-pitzen S-tein" anerkanntermaßen als eine Eigenart norddeutscher Akzente. Unter der Prämisse „Logik – Einfachheit – Einheitlichkeit" müsste also ein gesprochenes „sch" einheitlich geschrieben werden, unabhängig davon, ob es sich um ein klassisches sch, st oder sp handelt. Also wenden wir es in D2050 exakt so an.

Daraus folgt umgekehrt, dass wir immer, wenn wir künftig sh innerhalb einer Silbe lesen, „sch" sprechen können. Wenn allerdings S und H zu unterschiedlichen Silben gehören (wie in „Haus-halt" oder „bos-haft", nach D2050 aber auch „shmerts-haft" oder „Nets-haut"), müssen das S und das H natürlich weiterhin einzeln nacheinander gesprochen werden.

FAZIT: Wo „sch" gesprochen wird, wird künftig grundsätzlich „sh" geschrieben. Dies gilt auch für die heutigen Kombinationen „st" und „sp".

Unser Vershtand shtellt sich beshtimmt shnell um – shliesslich richten wir uns shtrikt nach der Ausshprache! Keine Angst (auf Shwäbish oder Shweitserdeutsh: Angsht), Sie „shaffen das shon"! Ich „wünshe" Ihnen „shnelle Fortshritte" beim Lernen!

4.6 Stimmhaftes / stimmloses „S"

Wir haben einen bedeutenden Aspekt der Zuordnung von Lauten und Schriftzeichen im Bereich der deutschen Konsonanten erreicht. Das S hebt sich nämlich von allen anderen Konsonanten, wenn man sie einzeln betrachtet, dadurch ab, dass bei ihm zwei Aussprachemöglichkeiten existieren. Zählt man Fremdwörter mit, die wir inzwischen wie deutsche Wörter gebrauchen, kommen noch weitere Variationen hinzu (beispielsweise denken Teefreunde hier vielleicht an „Rooibos"). Diese ignorieren wir jedoch an dieser Stelle und beschränken uns auf deutschstämmige Wörter.

Man spricht von „stimmlosem" und „stimmhaftem S". Ersteres trifft man wesentlich häufiger an, vor allem bedingt durch den häufigen unverzichtbaren Gebrauch des Artikels „das" oder des Personalpronomens „es". Ich persönlich finde die Beschreibungen „stimmhaft" bzw. „stimmlos" übrigens wenig treffend, denn in beiden Fällen ist ja eine „Stimme" deutlich zu hören. „Scharfes" bzw. „weiches s" wäre treffender, aber die Verwendung des Begriffes „scharfes S" wird ja bekanntlich als eine von mehreren Umschreibungen für das ß verwendet. Nachdem wir zu diesem Thema aber schon weiter sind und in D2050 auf dieses dem römischen Alphabet unbekannte Konstrukt verzichten, dürfen wir wieder „scharfes S" bzw. „weiches S" schreiben.

Man darf sich beim S immerhin darüber freuen, dass die Entscheidung, ob es stimmhaft oder stimmlos zu sprechen ist, festen Regeln unterliegt. Die folgenden Beispiele zeigen dabei, dass ein „scharfes S" keineswegs nur bei Verdoppelung des Konsonanten steht; wohl aber wird bei doppelter Schreibweise, also „ss", immer stimmhaft/scharf gesprochen.
- Stimmlos/scharf: Immer am Ende eines Wortes oder einer Silbe oder in Kombination mit anderen Konsonanten: „Als das Los uns des Spiels verwies…". Außerdem: Fiskus, Distel, Last, riskant, Despot.
- Stimmhaft/weich: Immer am Wortanfang vor einem Vokal: „So sehr sie solche Sachen sagen, so selbstverständlich suchen sie Synonyme." Aber auch inmitten eines Wortes, wenn der nachfolgende Vokal zur gleichen Silbe gehört: besonders, diese, also, Hose, Frisör, gesund, Risiko.

Historische Schrifttypen kannten verschiedene Buchstaben für die verschiedenen Aussprachen des heutigen S. Warum sollte D2050 hier also alles beim Alten lassen, zumal doch das Z eine neue Aufgabe gebrauchen könnte?!

FAZIT: Das stimmhafte (scharfe) S bleibt unverändert. Für das stimmlose (weiche) s wird in D2050 ab sofort das z verwendet. Das kennen wir sowohl aus englischen Wörtern wie „zero" als auch aus slawischen Sprachen („Zagreb"), und die Lautschrift gemäß IPA verfährt ohnehin auf genau diese Weise.

An dieser Stelle sei noch einmal eine Anmerkung zu Dialekten erlaubt, die, wie gesagt, nicht um ihre Existenz fürchten sollen. Selbstverständlich sollen regionale Aussprachesymptome durch D2050 nach den gleichen Regeln dargestellt werden wie das Standarddeutsch. Menschen aus Offenbach oder Darmstadt beispielsweise, die anderen Zeitgenossen intellektuell überlegen sind, darf man also künftig schriftlich als „Hezzische Bezzäwizzä" bezeichnen.

4.7 Abschaffung des stummen „H"

In einer an der Logik orientierten Sprache wäre es paradox, in der Rechtschreibung an Details festzuhalten, die man nicht hört. Dazu gehört auch das H, jedenfalls dort, wo es nicht gesprochen wird. Meistens stößt man darauf am Ende von Wörtern oder Silben.

Die seit 2006 gültige Rechtschreibung ist bei diesem Thema erneut nicht konsequent. So ist beispielsweise ein fehlendes H beim Känguru inzwischen zulässig, bei der Kuh jedoch nicht. In diesem Fall könnte man zur Begründung zwar noch mit der Pluralbildung argumentieren, aber das nächste Beispiel neutralisiert dieses Argument. Wo einst „rauhe Kräfte" walteten und „rohe Gewalt" herrschte, wurde dem Adjektiv „rau" das überflüssige H inzwischen amputiert, seinem Kollegen „roh" dagegen nicht. Beim „Jogurt" wurde die Schreibweise ohne h alternativ zur traditionellen Form mit H dankenswerterweise zumindest zugelassen, ebenso bei „Spagetti". Es geht doch! Vor allem die Liberalisierung der „Spagetti-Regel" ist richtungsweisend! Sie könnte nämlich den „Einstieg zum Ausstieg" aus dem sturen Festhalten an fremdsprachlichen Originalschreibweisen andeuten. In der italienischen Rechtschreibung steht „Spaghetti" nicht zur Diskussion, weil sich ohne das h eine völlig andere Aussprache ergäbe (Italienisch ist in dieser Hinsicht vorbildlich – beim Lesen eines Wortes besteht kein Zweifel, wie es ausgesprochen wird). Der nächste Schritt wäre nun, die Orthografie auch für die aus den klassischen Sprachen (vor allem Griechisch) stammenden Fremdwörter zu modernisieren. Beim „Jogurt" gab es übrigens auch vor 1996 kein schlagendes Argument für das „h". Der Begriff stammt vom türkischen „yoğurt" (= gegorene Milch).

Eine besondere Hürde bei der Gewöhnung an das Weglassen des H stellt die Notwendigkeit der Befreiung von der Fessel grammatischer Zusammenhänge dar. Oft lässt sich leicht ein Argument für das H finden, indem man den Plural zu einem auf H endenden Substantiv bildet, den Imperativ eines Verbs auf den Infinitiv zurückführt oder ein Adjektiv dekliniert. Beispiele:

- Kuh (Ku)/Kühe, Zeh (Ze)/Zehen, Rah (Ra)/Rahen
- sieh! (si!)/sehen, zieh! (zi!)/ziehen, näh! (nä!)/nähen
- roh (ro)/rohes Material

Die wenigsten Deutschsprechenden lassen jedoch heutzutage noch das H im Wortstamm hören, sodass es kein Problem wäre, darauf künftig zu verzichten. Die folgenden Beispiele bieten zwar ihrerseits selbst Angriffspunkte in puncto Konsequenz, weil in späteren Kapiteln behandelte Themen (vor allem die Verdeutlichung langer und kurzer Vokale bzw. Konsonanten) noch ausstehen, aber sie demonstrieren, was ich zu diesem ganz speziellen Thema meine:

- der Schu/die Schue
- vom Winde verwet
- Wansinn!
- Tema verfelt
- froe (walweise: fröliche) Weinachten!

Bei oberflächlicher Betrachtung drängt sich zunächst eine Ausnahme auf, wenn das H zwischen einem lang und einem kurz gesprochenen E steht, wie in „Schlehengelee" oder „dein Wille geschehe". Ich persönlich scheue mich zwar nicht davor, drei gleiche Vokale nacheinander zu schreiben (mehr dazu gleich), so wie inzwischen auch Schreibweisen mit drei gleichen Konsonanten zugelassen wurden. Bei Vokalen kommt allerdings erschwerend hinzu, dass bei einem Dreierblock nicht eindeutig erkennbar ist, welcher Vokal lang oder kurz gesprochen wird. Das Schriftbild „Dein Wille gescheee" verleitet dazu, die Silben nicht getrennt auszusprechen, sondern ein künstlich in die Länge gezogenes e zu artikulieren.

Alternativ wäre die Verwendung von Auslassungszeichen (Apostrophs) zur Kennzeichnung eines entfallenen Buchstaben möglich. Das „sä'e" dann zum Beispiel so aus: "Dein Wille geshe'e" (Dies gilt jetzt nur in Bezug auf die Auslassungszeichen – die Schreibweise der beiden Beispielwörter stellt zu diesem Zeitpunkt lediglich eine „Zwischenversion" dar, weil ich auf kurze und lange Vokale noch gesondert eingehen werde). Wie wir an späterer Stelle aber noch erfahren werden, wollen wir auf den Apostroph künftig komplett verzichten. – Eine weitere Möglichkeit wären zwei waagerechte Punkte (Fachbegriff:

Diaräse) über dem Buchstaben wie bei der Automarke Citroën oder dem Komponisten Camille Saint-Saëns. Dieser würde den betroffenen Vokal optisch von den Nachbarvokalen trennen und auf eine separate Aussprache hinweisen. Doch dagegen spricht die moderne Textgestaltung an Tastaturen. Für „ë" gibt es keine Standardbelegung. Man müsste es über das Menü als Sonderzeichen suchen und einfügen.

Wesentlich einfacher ist die Verwendung von Akzenten. Wir müssen uns allerdings davon befreien, die Akzente in gleicher Weise wie andere Sprachen verwenden zu wollen. In D2050 weist ein Akzent of einem E weder auf kurze, lange oder veränderte Aussprache des Vokals hin, noch auf die Betonung der betroffenen Silbe, sondern auf das Gebot, den Vokal „é" hörbar einzeln auszusprechen. Dass er in diesem Zusammenhang fast immer kurz gesprochen wird, ist Zufall. Ich habe mich für den so genannten Akut entschieden (frz. „accent aigu"). Dieser gehört zum Standard auf deutschen und österreichischen Tastaturen und kann ohne Umschaltung gewählt und mit einem beliebigen Vokal kombiniert werden. Auf Schweizer Tastaturen erfordert der Akut zwar einzeln die AltGr-Taste, aber es gibt „é" als eigene Taste, und auf dem E wird der Akut in D2050 mit Abstand am häufigsten benötigt.

Die Aussprache von Wörtern mit „é" ist auf diese Weise quasi für jeden sofort zu „seén", also soll es so „gescheén" (auch dies ist nur die „Zwischenversion", bevor ich ausführlich auf kurze und lange Vokale eingehen werde). Ein zusätzlicher Vorteil ergibt sich dadurch, dass man den orthografischen Bezug zur Aussprache in einem Fall vereinheitlicht, bei dem die heutige Rechtschreibung in hohem Maß angreifbar ist. D2050 kennt „Seeén" und „Orchi-deeén". Heute verzichtet auf das dritte E, obwohl schon der Singular zwei benötigt und beim Sprechen zweifelsfrei noch ein kurzes E danach verwendet wird. Ziel von D2050 soll aber die Vereinfachung und Vereinheitlichung der Rechtschreibung sein. Zugegeben, dies zu verinnerlichen dürfte schwerer fallen als die meisten anderen D2050-Regeln. Andererseits ist das Wissen, wann heute ein stummes h geschrieben werden muss, auch nicht gerade ein Kinderspiel. Mit etwas Übung stellt sich irgendwann Routine ein.

Analog zum „ph"-Vorschlag aus dem letzten Kapitel gilt natürlich auch hier für Vornamen: Leah, Hannah, Sarah und Mariah klingen unverändert schön, wenn man auf das H am Ende verzichtet, und zahlreiche Namensgenossinnen können mit dieser Schreibweise schon lange gut leben (der hebräische Ursprung interessiert die meisten von ihnen nicht besonders; eher dürften sie froh sein, dass sie sich keine Gedanken darüber machen müssen, ob ihr Name gar mit einem Rachenlaut am Ende ausgesprochen werden müsste). Schließlich laufen im deutschsprachigen Raum meines Wissens auch keine Petrahs oder Angelahs herum! Petra ist immerhin griechischen, Angela lateinischen Ursprungs. Übrigens gibt es auch in Israel einheimische Frauen namens Anna, die ein mögliches H am Ende noch nie vermisst haben dürften.

Wo ein H gesprochen wird, soll es natürlich auch weiterhin geschrieben werden, nämlich am Wort- oder Silbenanfang – auf dass es ge*hört* werde... *Hier*mit *ha*ben wir *hoff*entlich alle ein „A*ha*-Erlebnis" und können uns dem nächsten Aspekt widmen.

4.8 Sieht gleich aus, klingt anders: Die Kombination „ch"

Die Konsonantenkombination „ch" wird im Standarddeutsch für verschiedene Zwecke verwendet:
a) als Kehlkopf-Laut *hinter* den dunklen Vokalen A, O und U und hinter au, wie in „Dach", „Woche", „suchen" oder „Bauch"
b) als halb geschlossener Laut im oberen Mundraum *vor oder hinter* den hellen Vokalen E und I, hinter den Umlauten sowie hinter ei, eu und äu, z. B. in „frech", „weich", „Bäuche", „Chemie", „China", „Mädchen"
c) wie „k" *vor* den dunklen Vokalen A, O und U und vor Konsonanten; häufig, aber nicht ausschließlich, in Wörtern griechischen Ursprungs, z. B. in „Charakter", „Chaos", „wechseln", „Fuchs", „Chlor", „Chronik"
d) wie „sch" bei z. B. aus dem Französischen übernommenen , aber bereits eingedeutschten Begriffen wie „Chance", „chic", „Chef", „Charme"
e) wie „tsch" bei meistens. aus dem Englischen übernommenen eingedeutschten Begriffen wie „Champion", „Couch", „Charts". Beispiele aus anderen Sprachen sind „Chakra" oder „Chili".

Ich verfolge das Ziel einer eindeutigen Beziehung zwischen geschriebener und gesprochener Sprache. Darum ist mir die Tatsache, dass es mehrere Regeln zu einem Schriftbild gibt, ein Dorn im Auge. Doch beim „ch" liegt die Lösung nicht so eindeutig auf der Hand wie in den vorigen Kapiteln die Vorschläge zu S, X und „sch". Folgenden Schluss finde ich, bezogen auf die genannten fünf Konstellationen, noch am sinnvollsten:

a) Hier ziehen wir Nutzen aus der Tatsache, dass das x im Verlauf dieses Buches bereits seiner heutigen Funktion enthoben wurde und somit für eine neue, sinnvollere Verwendung wieder zur Verfügung steht. Der „ch"-Laut in

diesem Kontext wird nämlich in D2050 – analog dem IPA – mit dem X dargestellt.
- Beispiele: maxen (machen), rauxen (rauchen), Lox (Loch)

b) Wir Deutsche kennen uns beispielsweise gut aus mit der Bedeutung des kurzen Satzes „Ich jammere" (wem das zu negativ ist, darf zur Veranschaulichung auch gern „Ich jubele" oder „Ich jodele" sagen). Wenn man diese Worte sehr langsam spricht, stellt man vielleicht fest, dass im Mund zwischen dem zweiten und vierten Buchstaben dieses Satzes alles fast unverändert bleibt. Haben Sie das bemerkt? Zwischen ch und dem J in diesem Kontext bewegt sich die Zunge nur ganz leicht nach vorn, und unser Kiefer schließt sich nur minimal. Fast gleich ist aber eben nicht ganz gleich. Darum kann das J nicht als Ersatz für ch dienen. In anderen Konstellationen spüren wir die Unterschiede etwas deutlicher: „Chirurg" klingt am Anfang anders als „jiddisch". Also gibt es genau zwei Möglichkeiten. Erstens könnte das ch in dieser Variante bleiben. Zweitens könnte wie bei Variante a) das X verwendet werden, weil eine eindeutige Zuordnung besteht, wann welche Aussprache zum Tragen kommt. Ich habe mich für das X entschieden, wohl wissend, dass ich in diesem einen Fall von meiner Prämisse der Einfachheit abweiche, da nun plötzlich das X zwei Variationen erhält. Aber da aus romanischen Sprachen positive Beispiele für die Aussprache von Konsonanten (C, G) im Zusammenhang mit den sie umgebenden Vokalen vorliegen, springe ich hier über meinen eigenen Schatten.
- Beispiele: ix möxte (ich möchte), näxtlixes Lixt (nächtliches Licht)

c) Hier entspricht die Aussprache dem K, also finde ich es konsequent, betreffende Wörter auch so zu schreiben. Allerdings gibt es Härtefälle, wenn das Wort unverändert aus der griechischen Sprache übernommen wurde. Dies ist beispielsweise bei „Chaos", „Charakter" und „Charisma" ist dies der Fall. Andere Wörter haben ebenfalls einen griechischen Ursprung, haben aber in der deutschen Form Änderungen erfahren, meistens: ihre ursprüngliche Endung verloren, z. B. „Chor", „cholerisch" oder „Charta". – Konsequenterweise dürfte es in D2050 nicht relevant sein, aus welcher Sprache der Begriff stammt. Also müssen Wörter griechischen Ursprungs in gleicher Weise behandelt werden wie Fremdwörter aus Sprachen, die Mitteleuropäern normalerweise vertrauter erscheinen, wie Englisch, Italienisch oder Französisch. Grundsätzlich spricht nichts dagegen, einem Wort die Schreibweise der ursprünglichen Sprache zu erhalten, wenn die Aussprache sich ebenfalls am Original orientiert. – Ist aber das Wort eingedeutscht worden, soll ch in D2050 zu k werden.

- Beispiele: Kor (Chor), Krysanteme (Chrysantheme), kronologish (chronolo-
gisch).

d) Wie erwähnt sollte es bezüglich der Rechtschreibung keinen Unterschied
machen, aus welcher Sprache ein eingedeutschtes Wort ursprünglich stammt. –
Schwer wird es bei Begriffen, deren Aussprache sich gegenüber ihrem Ursprung nicht wesentlich geändert hat oder für deren korrekte Aussprache es
noch keine definierten Standardschreibweisen in der deutschen Sprache gibt
(z. B. die französischen nasalen Vokale). Solche Wörter sind zweifelsfrei noch
als in die eigene Sprache integriertes ausländisches Wort erkennbar und müssen meiner Meinung nach keine neue Schreibweise erhalten. Dies gilt grundsätzlich für alle fremdsprachlichen Spezifika. – Aufbauend auf dem zuvor
Gelernten wird die Aussprache sch nach D2050 sh geschrieben, wenn man ein
ausländisches Wort nicht mehr so ausspricht, wie es in der Heimatsprache der
Fall wäre. Um bei den genannten Beispielen zu bleiben: Wenn ein Deutscher
und ein Franzose die Wörter „Chance", „chic", „Chef" und „Charme" unterscheidet sich der Klang nur durch den Akzent. Solche Wörter können also ihre
Schreibweise auch in D2050 behalten. Wenn es dazu bereits parallele germani-
fizierte Schreibweisen gibt, begrüße ich dies selbstverständlich und unterwerfe
diese den üblichen D2050-Regeln. Beispiele hierfür sind „schick" (chic),
„Scheck" (cheque) oder Schikoree (Chicorée) – nach dem bisher erarbeiteten
Stand von D2050 würde lediglich das C entfallen. Bei dem Wort „Schokolade"
ist die eingedeutschte Form bereits seit zweihundert Jahren in der Rechtschreibung etabliert, obwohl der Ursprung im spanischen Wort „chocolate" liegt. Für
die Umgangssprache erlaubt der Duden sogar schon „Schose" (anstelle des
französischen Ursprungs „chose"), und das finde ich nur konsequent, weil
durch das mitgesprochene E eine erhebliche Änderung gegenüber der Muttersprache entstanden ist. – Knifflig wird es, wenn ein Wort zwar den Stamm mit
dem französischen Original teilt, aber nicht mehr so ausgesprochen wird. Das
Adjektiv „charmant" spricht man in Österreich und Deutschland nicht nasal.
Hier muss nach D2050 eine neue Schreibweise her, und die kann im momen-
tanen Lernfortschritt nur „sharmant" sein. Gleiches gilt für „Shovinismus"
(Chauvinismus) und – so sehr ich das bedaure – auch für „Shampinjong"
(Champignon). Und wenn wir dauerhaft vergessen sollten, dass „Chance"
nicht „Schangse" ausgesprochen wird, müssten wir folglich „Shangse" schrei-
ben.

e) Bei dieser Variante ist in der Aussprache – an der sich ja nichts ändert –
gegenüber der vorigen noch ein vorangestelltes T enthalten. Daran sollte sich
konsequenterweise auch die Schreibweise orientieren. Aber wie unter d) gilt

43

auch hier als Grundsatz, dass eine neue Rechtschreibung aus heutiger Sicht nur sinnvoll ist und für D2050 nur verwendet wird, wenn das Wort deutsch ausgesprochen wird. Das kommt allerdings äußerst selten vor, was wohl daran liegt, dass aufgrund weit verbreiteter Englischkenntnisse die meisten Begriffe den Menschen mit Muttersprache Deutsch so vertraut sind, dass die ursprüngliche Aussprache größtenteils beibehalten wurde. Beim Eindeutschen von Verben in das Korsett der deutschen Grammatik ändert sich der Charakter des Wortes von „fremdsprachlich" in „eingedeutscht" (Beispiele: checken, chatten, chillen). Gleichwohl kann D2050 in diesen Fällen tolerieren, wenn die englische Schreibweise bestehen bleibt und lediglich Ergänzungen gemäß den Grundregeln im jeweiligen grammatischen Zusammenhang vorgenommen werden. Bei dem genannten Beispiel „chatten" hieße dies, dass nach D2050 nur ein T geschrieben werden dürfte, da das Original „to chat" lautet. In Kapitel 4.17 werden wir lernen, dass sich das Thema Doppelkonsonanten in D2050 sowieso grundsätzlich erledigt hat. Bei „chillen" bleibt aber alles unverändert, da es ursprünglich „to chill" heißt. – Entsprechendes gilt für Konjugationen, Partizip-Bildung, Vergangenheitsformen usw.: wir checken, eingecheckt, chillend... Auf diesen Aspekt werde ich in Kapitel 4.20.2 noch einmal eingehen, dann ohne Bezug zu bestimmten Buchstaben.

Man darf gespannt sein, was die Umgangssprache in dieser Hinsicht hervorbringt. Letztlich lassen sich diese Probleme am besten dadurch umgehen, indem man Anglizismen, Gallizismen und andere fremdsprachliche Begriffe meidet, wenn es geeignete Synonyme in der deutschen Sprache gibt.

FAZIT: Die Kombination ch wird weitgehend abgeschafft, da für die meisten der beschriebenen Aussprachevarianten eine sinnvollere, am gesprochenen Wort orientierte Alternative existiert. In D2050 findet „ch" nur Verwendung, wenn ein Wort entweder ganz oder mindestens dessen Stamm aus einer anderen Sprache unverändert ins Deutsche übernommen wurde.

Nebenbei bemerkt (nachdem wir nun sowohl über den Umgang mit dem heutigen „sch" als auch die Nachfolger unseres „ch" einiges gelernt haben): Vor einigen Jahren kam ein im Radio wiedergegebenes Telefongespräch zu gewissem Kultstatus, in dem ein Rentner sich beim Mitteldeutschen Rundfunk beklagte, dass in dessen Grußsendung der Name eines Seniorenheims wiederholt falsch ausgesprochen wurde, nämlich „Röschenhof" (statt „Röschenhof"). Verwirrt? Klar! Warum sollte man „Röschen" anders aussprechen als „Rüschen"? Oder „Bläschen" anders als „Wäschen"? Mit D2050 wäre das nicht passiert! Das Domizil würde „Röösxenhoof" geschrieben, und eine Verwechslung mit „Röshenhoof" wäre ausgeschlossen.

4.9 Der Einzelkonsonant „c" und die Verbindung „ck"

Bei dem beliebten „Galgen-Spiel" verfällt man leicht dem Irrglauben, dass, wenn man ein C erraten hat, danach H oder K stehen müsste. Es gibt jedoch Wörter in der deutschen Sprache, in denen man einen Vokal oder sogar ein L oder ein R nach dem C findet. In der Regel steht der fragliche Konsonant dann am Silbenanfang. Hierbei handelt es sich ausnahmslos um eingedeutsche Fremdwörter (z. B. Café, Cello, City, Clique, Concertina, Computer, Creme, Curry, Capuccino, Stracciatella) oder aus Eigennamen stammende Bezeichnungen wie Calvin oder Celsius. In anderen Fällen wurde das C bereits durch K oder Z ersetzt oder einer Alternativ-Schreibweise gleichgestellt (z. B. Zäsur, Zellophan, Kassette, Kadmium, Zirkus).

Natürlich strebe ich auch in diesem Punkt nach Einheitlichkeit. Anders als beim V (siehe folgendes Kapitel) hat die gesprochene Verwendung des C einen festen Bezug zum nachstehenden Buchstaben: Vor einem „hellen" Vokal oder Umlaut (e, i, ä) spricht man es wie „z", vor einem dunklen Vokal, vor l oder r wie „k". In abgewandelter Form finden wir diese Unterscheidung in verschiedenen romanischen Sprachen, doch die Gemeinsamkeit besteht darin, dass immer der folgende Vokal entscheidet. Ich finde das faszinierend, weil doch sämtliche heute verbreiteten romanischen Sprachen aus dem Umgangs-Latein entstanden sind und die Auffassungen über die Aussprache des C in Latein geteilt sind. Mein erster Lateinlehrer brachte uns Schülern bei, dass ein C in der lateinischen Sprache immer wie „k" gesprochen würde, und mein Vater, der das Große Latinum sein Eigen nennt, versuchte mich mit zunächst mäßigem Erfolg vom Gegenteil zu überzeugen. Nachdem wir mehrfach über „Käsar und Kikero" gelacht hatten, sah ich ein, dass zumindest ein Teil der promovierten Pauker irren mussten. In der Tat gibt es mehrere Ansätze, die teilweise auch regional unterschiedlich verbreitet sind, doch hat sich die Aussprache des C wie „k" inzwischen in Deutschland durchgesetzt. Da es keine authentischen Sprachdokumente aus dem alten Rom gibt, kann die Richtigkeit nicht bewiesen werden. Und es wäre nicht der einzige Fall, bei dem in Deutschland nicht nach Logik gegangen wird...

VORSCHLAG: Für „c" soll das gleiche Prinzip wie für „ch" gelten. Wenn ein Wort eindeutig ausländischer Herkunft ist und keine alternative deutsche Schreibweise dafür existiert, soll es unverändert bleiben. In den übrigen Fällen, wenn die fremdsprachliche Schreibweise nicht der Aussprache im Standarddeutsch entspricht, orientieren wir uns an der aus den romanischen Sprachen bekannten und für das Deutsche abgeleitete Abhängigkeit: wie „z" vor hellen Vokalen und wie „k" vor dunklen Vokalen. Da aber das Z bereits abgeschafft ist, gilt das in Kapitel 4.4 Gesagte hier sinngemäß für Wörter wie Kontsertina (Concertina) oder Tsellofan (Cellophan). Natürlich sollte diese Regel konsequent auch für deutsche Eigennamen angewendet werden, also Karsten statt Carsten, Karola statt Carola, Klemens statt Clemens, Selina statt Celina oder Tsiprian statt Ciprian.

Auf die Kombination ck werde ich im weiteren Verlauf dieses Buches eingehen, genauer gesagt: im Kapitel 4.18. Falls Sie ausgerechnet diesem Aspekt besonderes Interesse widmen und die Ausführungen dazu aufgrund der Kapitelüberschrift an dieser Stelle erwartet haben, bitte ich um Verzeihung für die entstandene Verwirrung und um etwas Geduld. – Sie ahnen es bereits und glauben: „ck" wird zu „kk"? Nun, das wäre ja kein Wunder angesichts dessen, was wir dem „ch" angetan haben? Wir werden es bald erfahren...

4.10 Gleiches Schriftbild, verschiedene Aussprache: Eindeutige Definition des „v" und Deaktivierung des „w"

Kommen wir nun zu einem weiteren Zeichen, das den Deutsch-Lerner vor erhöhte Anforderungen stellt, weil es mit dem Lernen der geschriebenen Vokabel noch nicht getan ist. Zwar gibt es für die Aussprache des V, im Gegensatz zum „ch", nur zwei statt fünf Möglichkeiten, doch dafür kontert dieser Buchstabe mit dem fragwürdigen Trumpf der fehlenden Regelmäßigkeit. Weder die Verbindung mit Vokalen noch die Wortart oder die Herkunft (Fremdwort oder nicht) lässt eindeutig darauf schließen, ob das V wie „f" oder „w" gesprochen wird.

Ein „Vogel-Vau" ist es nämlich nur manchmal, z. B. in allen Wörtern, die mit den Silben „ver" oder „vor" beginnen (also den so genannten VORsilben. VERstanden?), aber auch in:
- viel, Vater, Veilchen, Eva oder von

46

Als Gegenbeispiele seien hier alle Endungen auf „-vieren" (sowie deren verwandte Substantive und Partizipe, also z. B. „intensivieren", „Relativierung") genannt, aber auch:
-    Vitrine, Vase, violett, Vene, Kurve oder Sklave genannt.

Gerade die beiden letztgenannten Wörter sind bemerkenswert. Der Versuch, eine Regel für die weiche „w"-Aussprache daraus abzuleiten, dass beide auf „-ve" enden, sollte nicht schon nach der ersten Übereinstimmung als erfolgreich abgebrochen werden. Denn Nummer drei aus dieser Rubrik funktioniert bereits nicht mehr so einfach: Bei der Larve gelten offensichtlich beide Varianten als gutes Deutsch.

Eine Erkenntnis gewinnen wir, wenn wir uns genauer mit dem V beschäftigen. Die Aussprache „w" ist im Deutschen zwar seltener als die Aussprache „f", jedoch wird sie fast immer dann verwendet, wenn das Wort aus einer fremden Sprache stammt. In allen romanischen Sprachen spricht man es generell „veich" aus, ebenso im Englischen sowie in den skandinavischen und slawischen Sprachen. Wenn ein F-Laut gesprochen werden soll, wird dort auch „f" (in Einzelfällen auch „ph") geschrieben. Verwechslung ausgeschlossen. In der niederländischen Sprache hat das V einen eigenen Sinn und erklingt als eine Art „Zwischenkonsonant", weicher als ein F, aber härter als ein W.

FAZIT: Passen wir uns der Mehrheit an! Das V wird in D2050 wie „w" ausgesprochen. Darüber hinaus verliert das W auf diese Weise seine Bedeutung. Ein gesprochener Konsonant soll sich immer in fester Abhängigkeit zu seiner geschriebenen Darstellung befinden. Somit können alle deutschen Wörter, die heute ein W beinhalten, künftig auf dieses verzichten und an seiner Stelle ein V erhalten.

Dass ein V auch künftig noch geschrieben werden darf, wenn es wie ein F klingt, liegt an der so genannten Auslautverhärtung, einer Besonderheit einiger Sprachen, darunter der deutschen Sprache. Auf dieses Thema werde ich noch ausführlich in Kapitel 4.20.1 eingehen. Adjektive, die auf -v enden (z. B. „aktiv", „passiv", „alternativ") verlieren in bestimmtem grammatischem Kontext ihre „harte" Aussprache des letzten Vokals, z. B. bei der Beugung oder bei Rückführung auf ihre substantivische Form („die aktive Alternative"). Folglich sind auch die Singularformen der Substantive, Genitive usw. nach D2050 mit V zu schreiben. Dass es häufig nach „Substantif" bzw. „Genitif" klingt, erklärt sich durch die erwähnte sprachliche Ungenauigkeit. Als Gegenbeispiel zur Verdeutlichung stellen wir uns vor, dass ein US-Amerikaner oder ein Brite in seiner Muttersprache über sein Heimatland spricht. Man hört dabei gut die weichen Auslaute bei „native land". Mit schlechtem deutschem Akzent klänge es eher wie „näitif länt".

Vir fervenden alzo unzeren Fershtand und vissen im Vezentlixen fortsüglix darüber Besheid, velxe Vörter vir vie shreiben müssen.

4.11 Der Quatsch mit dem „q"

Das Q ist besonders anspruchsvoll. Seinen Namen spricht man „ku", benutzt wird es als „kv" und es erscheint in der germanofonen Öffentlichkeit nicht ohne seinen Begleiter, das U. Gegen Kombinationen von Buchstaben zur Darstellung einer Aussprache, die durch einen einzelnen Buchstaben des römischen Alphabets nicht erreicht werden kann, ist natürlich nichts einzuwenden. Dies trifft nach heutiger Rechtschreibung auf „ch" in seinen Grundformen und auf „sch" zu.

Dieses Argument zählt aber beim Q nicht. Es gibt kein ursprünglich deutsches Wort, in dem ein Q anders als „kv" gesprochen wird. Wir haben also eine vergleichbare Situation wie beim X, welches nichts weiter ist als „ks", aber mit dem Unterschied, dass das Q immer noch ein folgendes U erfordert.

Das schreit geradezu nach einer Abschaffung! Die Schweden haben dies ebenfalls erkannt und in ihrer Sprache längst vollzogen. Bei gleicher Aussprache schreiben sie nun konsequent „kv", z. B. in kväll (Abend), kvinna (Frau), aber auch in augenscheinlich integrierten Wörtern wie kvadrat. Da Eigennamen in der Regel vielfach beurkundet sind, vollzieht sich eine Umstellung bei ihnen verständlicherweise viel langsamer. So ist bei schwedischen Namen dieser Prozess nach wie vor unvollendet, was sicher auch dem Stolz und Traditionsbewusstsein der Namensträger oder der vorhandenen bzw. fehlenden Offenheit der Urkundsbeamten zuzuschreiben ist. Jonas Nordquist (Eishockeyspieler), Sven Nordqvist (Zeichner und Kinderbuchautor) und Elisabeth Nordkvist (Schauspielerin) stehen als prominente Vertreter beispielhaft für je eine Variante.

FAZIT: „Q" bzw. „Qu" werden in deutschen Wörtern ausnahmslos durch „kv" ersetzt. Dies gilt auch für eingedeutschte Fremdwörter wie Kvartal (Quartal) oder Kvintessents (Quintessenz). Alles andere wäre „Kvatsh".

4.12 Lange und kurze Vokale

Bei diesem Kapitel haben wir einen Meilenstein der Reform D2050 erreicht. Es handelt sich nach meiner Meinung um einen so wichtigen und so überfälligen Aspekt der deutschen Rechtschreibung, dass mir nicht einleuchtet, warum der Rat für deutsche Rechtschreibung dieses Thema in seinen Ergebnissen nicht aufgegriffen hat.

Vokale haben in vielen Sprachen gegenüber den Konsonanten einen Vorteil (oder Nachteil, je nach Sichtweise): man kann mit einem einzigen Zeichen mehrere Variationen darstellen, sie also lang oder kurz aussprechen. Gleiches trifft für die in der deutschen Sprache verwendeten Umlaute ebenso zu, weshalb auch sie in diesem Kapitel thematisiert werden.

Freilich gibt es auch Sprachen, in denen jeder Klang einer eigenen Darstellungsform zugeordnet ist. Im schottischen Gälisch beispielsweise kennt man mehr als neunzig Klangvariationen, kommt jedoch mit achtzehn Buchstaben des römischen Alphabets aus. Da wundert es nicht, dass die Reduzierung der Buchstabenanzahl gleichzeitig zahlreiche Buchstabenkombinationen, Nutzung von Akzenten sowie Abhängigkeiten davon, was unmittelbar davor oder danach steht, erforderlich macht. Der Vorteil liegt darin, dass der Kenner einer solchen Sprache stets weiß, wie das Wort zu klingen hat. Für alle anderen besteht der offensichtliche Nachteil, dass man mit allen Regeln vertraut sein und sie beachten muss, dass also genau das zum Tragen kommt, dessen ich uns mit D2050 entledigen möchte.

In der deutschen Rechtschreibung gibt es verschiedene Möglichkeiten, auf einen langen Vokal hinzuweisen:
1) Man kann ihn verdoppeln, wie z. B. in Boot, Meer oder Haar. Dabei genießen die hier vorkommenden Vokale O, E und A offenbar Sonderrechte; denn ein Doppel-I, ein Doppel-U sowie doppelte Umlaute kennt die heute gültige Rechtschreibung bei deutschen Wörtern der Standardsprache nicht (Ausnahmen finden sich nur in einigen Dialekten).
2) Das I kann allerdings mit einem anderen Exclusivrecht punkten; denn nur bei ihm besteht die Möglichkeit, die lange Aussprache durch ein nachgestelltes E zu kennzeichnen (z. B.: sie, die, Wiese, spielen und unzählige weitere Wörter). Auf regionale Besonderheiten wie das „westfälische Dehnungs-E" (in den Ortsnamen Soest oder Kevelaer sowie den Familiennamen Bues oder Claesen) wird auch hier bewusst

nur hingewiesen, ohne sie als allgemein gültige deutsche Rechtschreibregel zu betrachten. Leider kann man bei „ie" als Fremdsprachler nicht eindeutig die Aussprache ableiten. Neben der Funktion als Verlängerung des I gibt es schließlich auch die Verbindung als Hiat (also eine Vokalkombination, bei der beide Vokale einzeln klingen), z. B. in Familie und Serie.

3) Häufig wird ein H nach dem betroffenen Vokal geschrieben, um auf seine lange Aussprache hinzuweisen (Beispiele: fahren, Ehre, ihn, Bohne, Uhr, gähnen, fröhlich, Gebühr). Das H wird sogar manchmal noch zusätzlich zur Kombination „ie" verwendet, ohne dass daraus folgt, dass das I in einem solchen Fall noch länger als lang ausgesprochen werden soll...

Dazu könnte man noch Hinweise aus fremden Sprachen aufzählen, die uns bei den fraglichen Wörtern helfen, aber eben nicht zur deutschen Rechtschreibung gehören. So lässt der Akzent bei „Café" zwar keinen Zweifel daran, dass das E lang ist. Doch Akzente erfüllen in unterschiedlichen Sprachen unterschiedliche Funktionen: Sie können lang oder kurz unterscheiden, sie können die betonte Silbe kennzeichnen oder neue Klangfarben definieren, deren Darstellung ohne akzentuierte Vokale nicht möglich wäre.

Schwierig wird es, wenn ein langer Vokal nicht als solcher erkennbar ist. Mit anderen Worten: Allein die Tatsache, dass keine der erwähnten Varianten zutrifft, bedeutet keineswegs, dass der Vokal zwangsläufig kurz ausgesprochen werden muss. Sicherheit bezüglich der kurzen Aussprache haben wir nur, wenn nach dem Vokal ein Doppelkonsonant folgt. Bei gleichem Schriftbild ergeben sich darum teilweise unterschiedliche Aussprachen:

- voran, man (kurzes A) / die Substantive Plan, Elan, Waran (langes A)
- 3. Person Singular von „rasen": er *rast* (lang) / die *Rast* (kurz)
- der *Weg* (lang) / „Ich bin dann mal *weg*!" (kurz)

Umgekehrt können wir auch nicht zwangsläufig vom Klang auf die Schreibweise schließen. Folgende Beispiele verdeutlichen, dass für gleiche Aussprache unterschiedliche Darstellungen gebräuchlich sind:

- Mann / man
- Zahn / Schwan
- Heer / her / sehr
- warum / dumm
- Last (Substantiv) / lasst (Imperativ von lassen)
- hohl / hol! (Imperativ von holen)

All diese Zweideutigkeiten könnten wir auf recht einfache Weise umgehen. Die Methode mit der Buchstabenverdopplung eignet sich dafür besonders gut. Schon heute wissen wir: ein doppelter Vokal wird immer lang ausgesprochen, ein doppelter Konsonant macht den vorstehenden Vokal kurz. Es stellt sich also die Frage, welche Variante sinnvoller ist: kurze Vokale durch Verdopplung der nachstehenden Konsonanten zu kennzeichnen oder lange Vokale zu verdoppeln?

Schnell wird klar, dass Variante 1 ungünstig ist, wenn ein „sch" (künftig „sh") folgt. In diesem Fall müsste man nämlich überlegen, ob man z. B. für „Tasche" künftig „Tashshe" oder „Tasshhe" schreiben soll. Das gleiche Wort beinhaltet außerdem mit dem E einen weiteren kurzen Vokal, hinter dem aber kein Konsonant mehr steht, den man verdoppeln könnte. – Bleibt also nur die Variante 2: Durch eine Verdopplung des Vokals werden zusätzliche Tricks wie „ie" oder die heutige Verlängerung durch „h" überflüssig – natürlich nur, wenn dies für alle Vokale und Umlaute gilt.

Genau dies soll also in D2050 gelten. Wenn lange Vokale immer verdoppelt werden, lässt dies umgekehrt darauf schließen, dass nicht verdoppelte Vokale kurz gesprochen werden. Es gibt zwar die Besonderheit, dass ein Vokal, wenn er am Ende eines Wortes steht, fast immer lang gesprochen wird, aber eben nicht generell. Endet das Wort auf a, i, o, u, ä, ö oder ü, so wird der Vokal lang gesprochen, ein E am Wortende erklingt dagegen kurz. Daran haben wir uns zwar alle seit unserer frühen Kindheit gewöhnt, doch dadurch wird es nicht logischer. In diesem Kontext kann einmal mehr Finnland als Vorbild dienen. Das finnische Schriftbild mag auf uns Deutschsprachler zwar lustig wirken; jedoch verstehen es die Finnen, durch geschickte Verdopplung der Buchstaben den Klang des Wortes zu definieren.

Für die Diphthonge oder Zwielaute, also die Kombinationen aus mehreren Vokalen, durch die ein spezifischer Klang entsteht, ist eine Verdopplung nicht erforderlich, weil sie generell lang klingen. Der Klang in Wörtern wie Geb*äu*de, k*au*fen oder st*ei*nr*ei*ch gibt es in der d*eu*tschen Sprache nicht kurz. Wie bei „ie" ist allerdings auch hier der Hinweis angebracht, dass Vorsicht bei Hiats geboten ist: Die Vokalverbindungen in Wörtern wie Jubiläum, Museum oder Aida sind keine Diphthonge!

In der Germanistik wird auch „ui" als Diphthong anerkannt. Ich persönlich sehe das etwas anders. Da wir das Standarddeutsch, die Schriftsprache, betrachten, kann das schöne Beispiel aus dem bayerischen Dialekt „Vui z'vui

G'fui" („Viel zuviel Gefühl") hier ebenso wenig wiegen wie die Verwendung von „ui" als gesprochenes Ü (wie z. B. im Städtenamen Duisburg). Somit bleiben, verglichen mit den übrigen deutschen Diphthongen, nur wenige Wörter übrig (z. B. „Hui oder Pfui"), in denen die beiden Vokale eher einzeln klingen, zumindest noch einzeln hörbar sind. Darum ist die Kombination „ui" eher als Hiat anzusehen als dass sie einen eigenen spezifischen Klang bildet.

Zu einer Besonderheit bei den Diphthongen kommen wir gleich noch. Zuvor halten wir Folgendes fest:

FAZIT: Lange Vokale werden in D2050 generell doppelt geschrieben, ebenso wie lange Umlaute. Für echte Diphthonge ändert sich nichts. Dies gilt für alle Wortarten, auch Eigennamen, und auch dann, wenn der lange Vokal am Wortende steht.

Mit Verweis auf Kapitel 4.7 ist an dieser Stelle der Hinweis auf den Akut (Akzent) zur Kennzeichnung der einzelnen Aussprache eines Vokals bei Vokalgruppen angebracht. Da wir künftig lange Vokale immer doppelt schreiben, kann der Akzent auch dort erforderlich werden, wo kein Zusammenhang mit einem weggefallenen H besteht:
Er muss weder immer auf dem letzten Vokal „steeén" („das Kaabel ist geéerdet")
noch kommt er ausschließlich beim E vor (es gibt schließlich auch „eineiíge Tsvillinge")
noch muss mindestens ein Teil der Vokalgruppe kurz sein („Zeeéelefant" wäre zulässig, sollte aber im Sinne der Lesbarkeit mit Bindestrich – „Zee-Eelefant" – geschrieben werden; dazu mehr im Kapitel 8.8)
noch muss ein Vokal der Vokalgruppe lang sein
…und damit „beénde" ich diesen Verweis.

Zeer geéerte Leezer, viir shtaunen tsvaar üüber diizen Beshluss und denken, deer Autoor diizes Buuxes leebt vool tsuur Tseit fon Maariiaa und Joozef und halten iin intsvishen füür föllig geistesgeshtöört, aaber venn viir eerlix sind, müssen viir tsuugeeben: daa shtekkt fiil Loogik drin!

52

4.13 Sprache im Wandel – Lange Vokale werden kurz

Der Wandel der Sprache, speziell des gesprochenen Wortes, ist keineswegs eine Entwicklung, die sich allmählich über ganze Epochen erstreckt, nicht einmal über Generationen. Während der mehrjährigen Arbeit an diesem Buch habe ich verfolgt, wie sich ein Trend durchgesetzt hat, eigentlich lange Vokale kurz zu sprechen, wenn ein R folgt. Besonders häufig ist das lange E betroffen. Dies ist nicht etwa auf Umgangssprache im Bus oder beim Bier beschränkt, sondern hat längst Einzug in Schulen, Rundfunk und Fernsehen gehalten. Lehrer (auch Deutschlehrer), Nachrichtensprecher, Berichterstatter, Showmaster... Viele von ihnen haben sich längst angeschlossen, vermutlich völlig gedankenlos, und sie multiplizieren die fehlerhafte Aussprache in die Öffentlichkeit, wo sie natürlich ebenso gedankenlos unbewusst übernommen wird. *Etwas muss zuerst ein paarmal vorgeführt werden, und bald hört es sich wie althergebracht an.*

Aus dem Mund der ZDF-Sportreporter Béla Réthy oder Christoph Hamm klänge dieser Satz ungefähr so: „Etwas muss zuärrst ein parrmal vorrgefürrt wärrden, und bald hörrt es sich wie althärrgebracht an." Interessant ist dabei vor allem die starke Tendenz zum Ä beim langen E, die manchmal so stark ist, dass das folgende R kaum noch hörbar ist, vor allem bei (der/die/das) „ääste" (erste) oder „Ääde" (Erde). Das ist erstaunlich; denn andererseits – zumindest in den Regionen Deutschlands, deren Bewohner für sich reklamieren, dialektfrei zu sprechen – ist seit Jahrzehnten kaum jemand noch willens und in der Lage, ein langes Ä auch als solches auszusprechen. Stattdessen wird beispielsweise von „Meedchen erzeehlt, die auf der Feehre nach Deenemark Keese gegessen haben".

Manchmal werden lange Vokale inzwischen auch vor anderen Konsonanten kurz gesprochen, aber bisher noch mit weniger durchschlagendem Erfolg. Ich meine zum Beispiel die Fälle, wenn jemand „Tellefon", „Monnitor(r)" oder „Nachbar" (mit kurzem ersten „a") sagt. Den Spitzenwert in dieser Rubrik erreicht übrigens nach meinen Erfahrungen das Wort „Omma".

Sowohl im Fall der langen Vokale vor dem R als auch des langen Ä wird die Aussprache gemäß Lautschrift in den am häufigsten verwendeten Wörterbüchern, z. B. bei Langenscheidt und Pons, nach wie vor (Frühjahr 2014) ausschließlich in der alten Weise dargestellt. Das lange E wird auch in der IPA-Lautschrift wie ein kleines „e" dargestellt, z. B. in „Erde" oder „erotisch". Das kurze E am Wortbeginn wird dagegen nach IPA dem „ɛ" zugeordnet, der kleinen Version des griechischen Epsilon, das wie eine vertikal gespiegelte Drei aussieht. Darum sehe ich auch für D2050 keine Notwendigkeit, Ausnahmen zu formulieren. Sollte sich daran in den nächsten Jahren etwas ändern, würde ich D2050 für diese Fälle in der gleichen Weise anwenden wie bei vergleichbaren Wörtern, bei denen die Vokale schon heute kurz gesprochen werden.

Dieses Beispiel zeigt auch, wie wichtig eine erneute und diesmal konsequente Reform der Rechtschreibung wäre. Einer der Gründe für die Verwirrung, ob ein Vokal kurz oder lang gesprochen ist, liegt nämlich nach meiner Meinung auch in der fehlenden Logik der heute gültigen Orthografie. Die Schreibweise lässt nicht erkennen, dass „Erde" mit einem langen Vokal am Anfang zu sprechen ist, während „Erle" oder „Ernte" kurz gesprochen werden?! Nach D2050 würden die beiden Letztgenannten unverändert geschrieben, aber unser Planet bekäme ein Doppel-E am Anfang.

4.14 Diphthonge (Zwielaute)

Bei ihnen steckt der Teufel im Detail, und Details lassen sich nur schwer entdecken, wenn man zu schnell liest (z. B. das „Kleingedruckte" in der Werbung oder in Verträgen), aber auch, wenn man zu schnell hört.

Wenn wir Zwielaute – einzeln oder innerhalb eines Wortes – in „Super-Zeitlupe" sprechen – stellen wir etwas Interessantes fest. Nehmen wir als Beispiel den folgenden Satz: „Wir stoßen HÄUFIG AUF TRICKREICHE DE-TAILS in der DEUTSCHEN Sprache". Auf die Diphthonge kommt es an. Gleich beim ersten Fall, sehr langsam gesprochen, merken wir, dass weder ein Ä noch ein U beim Diphthong äu zu hören ist. Gleiches gilt analog für eu. Dagegen können wir das Wort „auf" problemlos in seine Einzelteile zerlegen. Bei ei und ai hören wir keinen Unterschied, woraus wir erkennen, dass „ai" den Klang korrekt wiedergibt, während „ei" genau genommen eigentlich anders ausgesprochen werden müsste, nämlich wie das englische lange A oder wie die Begrüßung in Skandinavien („Hallo" heißt auf Norwegisch „Hei", auf Dänisch und Schwedisch „Hej"). Daraus folgt, dass wir, der Aussprache folgend, den obigen Satz eigentlich so schreiben müssten: „Wir stoßen hoifig auf trickraiche Details in der doitschen Sprache."

FAZIT: Für au und ai sowie (seltener) ui ändert sich in D2050 nichts. Eu und äu werden zu oi. Wenn ei, ey und ay jeweils wie „ai" klingen, werden sie auch so geschrieben. Wörter, in denen die Buchstabenkombination ei vorkommt, sind in D2050 zwar noch denkbar, aber nur in Fremdwörtern, und meistens werden sie dann als Hiat gesprochen. „Alles klaar, ei?"

Die Nachkommen der heutigen Familien Meier, Maier, Meyer, Mayer, Mair und Mayr könnten sich, falls D2050 irgendwann einmal umgesetzt wird, Hoffnungen machen, dass ihre Namen eine identische Buchstabierung als „Maier" erhalten.

4.15 Das „y" im Deutschen – und was das mit „ü" zu tun hat

Es hat einen Grund, warum der Buchstabe Y erst jetzt – nach den Vokalen, Umlauten und Diphthongen – behandelt wird. Das „Üpsilon" wird in der Regel nicht genannt, wenn von Vokalen gesprochen wird, obwohl es meistens die Funktion eines Vokals erfüllt; meistens – nicht immer.

Zunächst fällt der „Name" auf. Alle anderen Buchstaben unseres Alphabets tragen eine einsilbige Bezeichnung, doch das Y benötigt gleich drei Silben, deren Zusammenhang mit der Aussprache nicht unmittelbar deutlich ist. Der Ursprung liegt in der altgriechischen Sprache: Dem Großbuchstaben Y entsprach der Kleinbuchstabe u, und „u psilon" (gesprochen „ü psilón") bedeutet „einfaches Ü". Dies ist als Abgrenzung zu der Buchstabenkombination OI (Omikron und Iota) zu verstehen, welche ebenfalls wie „ü" klingt.

Wörter mit Y kommen in deutschsprachigen Konversationen in vier Aussprachevarianten vor:
a) Bekanntermaßen sprechen wir häufig „ü", wenn ein Y geschrieben steht. Die Wörter oder Silben, in denen es vorkommt, sind dabei in aller Regel griechischen Ursprungs. Einige Beispiele hierfür sind Synonym, Analyse, Physik, Xylophon, hyperaktiv.
b) Daneben wird der Buchstabe Y oft wie „i" gesprochen, wobei auch in diesem Fall eine griechische Abstammung möglich ist, wenn das Y am Silbenende steht. Verbreitet ist die Vorsilbe „poly" (=mehrere, viele), wie in Polygamie, Polyphonie. Und noch selbstverständlicher benutzen wir das Y wie „i" in Wörtern, die wir als Bestandteile unserer Sprache betrachten, aber eigentlich übernommene bzw. eingedeutschte englische Begriffe sind, z.B. Baby, sexy, Pony, Lobby oder (das in dieser Bedeutung im Englischen überhaupt nicht verwendete) Handy.

55

c) Wenn wir deutsch sprechen und ein Y wie „ai" aussprechen, handelt es sich um ein echtes fremdsprachliches, nicht eingedeutschtes Wort handeln, z. B. Sky, Hyperlink.

d) Bei der vierten Aussprache-Variante des Y verlassen wir die Welt der Vokale: Beispiele wie Yeti, Yak oder Yacht beweisen, dass es auch wie „j" klingen kann. Dies ist der Fall, wenn es vor einem Vokal steht. Das Wort muss dafür keine englischen Wurzeln haben, obwohl die englische Sprache ebenso verfährt.

Da ich bekanntlich dem Grundsatz der Einheitlichkeit und Eindeutigkeit folge, will ich auch diese Fälle einer grundlegenden Reform unterwerfen und habe versucht, die logisch sinnvollste Lösung zu finden.

FAZIT: Auf den ersten Blick liegt dabei die Ersetzung durch den jeweils gesprochenen Buchstaben nahe (also ü, i, ai oder j). Allerdings sehe ich diese Lösung nur für die Variante d) als geeignet an. Also wird ein Y, wenn es vor einem Vokal wie „j" gesprochen wird, künftig durch ein J ersetzt. Teilweise sind alternative Schreibweisen mit J bereits zulässig, z. B. „Jogurt". In den anderen Fällen wird die Schreibweise beibehalten, wenn es sich um ein unverändertes fremdsprachliches Wort handelt. – Jannik und Yvonne sind also absolut trendy, wenn ihr sie Joga betreiben und ihr Hobby Jo-Jo-Spielen ist.

Wenn das Y wie „ü" klingt, liegt der Fall anders:
Erstens ist dieser Umlaut außer in Deutsch in der Schriftsprache nur wenig verbreitet. Das Ü kommt vor allem in den Turksprachen wie Türkisch, Aserbaidschanisch oder Usbekisch vor; daneben in Randsprachen wie Ungarisch, Estnisch (und in wenigen Ausnahmefällen sogar in Französisch oder Portugiesisch, wenn ein ansonsten stummes u gesprochen werden muss). Es ist weder Bestandteil der wichtigsten Alphabete noch der Computertastaturen gemäß den Standards der Länder, in denen eine romanische Sprache oder Englisch gesprochen wird. Dagegen kommt der zugehörige Laut beispielsweise auch in den skandinavischen Sprachen und im Französischen vor.

Zweitens ist das Ü der Turksprachen nichts weiter als deren Entsprechung für das ur-griechische Y, also das „ü psilón". Es würde den Zugang zur deutschen Sprache international erleichtern, wenn all die griechischstämmigen Wortteile, die in diversen Sprachen integriert sind, auch weiterhin mit Y geschrieben würden. Wer nun einwendet, dass es dann sprachlich keinen Unterschied zwischen Y und Ü mehr gäbe, hat völlig Recht! Und genau deshalb tun wir den Menschen in aller Welt einen Gefallen, die das Ü nur mit Mühe in ihrem Textverarbeitungsprogramm finden können, und schaffen einen der ungeliebten Umlaute, dieser deutschen Eigenart, ab! Die Wörter, die heute mit Ü geschrieben werden, werden künftig mit Y geschrieben, und das Y wird künftig „ü" genannt (denn genau dafür steht es in D2050, wenn es sich um Wörter der deutschen Sprache handelt). Dabei ist es gleichgültig, ob es kurz oder lang gesprochen wird – die diesbezügliche Regel für aus dem vorigen Kapitel wird hier unverändert angewendet, also muss ein langes Y natürlich ebenso verdoppelt werden wie ein langes U oder ein langes Ä.

Ich glaube, es ist alles eine Sache der „Yybung": Veer six Myye gibt, vird fryy shpyyren, vas fyyr ain beglyckendes Gefyyl es zain kann, kynftig dii gyltiigen Buuxshtaaben tsuu fervenden!

4.16 Ein zusätzlicher Buchstabe

Bei allen Bestrebungen, die deutsche Rechtschreibung von unnötigem Ballast zu befreien und nicht benötigte Zeichen abzuschaffen, gibt es dennoch Bedarf für ein zusätzliches Zeichen. Es gibt nämlich einen Vokal, der mit keinem einzelnen Buchstaben und keiner Buchstabenkombination aus dem Vorrat der mitteleuropäischen Standardzeichen dargestellt werden kann.

Am besten lässt sich dies veranschaulichen, indem Sie sich vorstellen, dass Sie gerade erfahren, dass etwas Angenehmes früher als von Ihnen gewünscht zu Ende geht oder nicht stattfindet (ein Freund sagt, dass er jetzt aufbrechen müsse; ein zuverlässiger Kollege verlässt Ihr Team; ein Fest oder eine kulturelle Veranstaltung wird abgesagt), und Sie darauf mit einem Ausruf des Bedauerns reagieren. Wie aber soll dies schriftlich dargestellt werden?

Es handelt sich normalerweise um einen sehr langgezogen Vokal, der mit dem O verwandt ist. Würde man aber beispielsweise „oooooo" schreiben, entstünde der Eindruck, es handele sich um den Laut, der unter anderem in „Boot" vorkommt. Phonetisch betrachtet (z. B. wenn man eine Zehntelsekunde davon separat hören würde) entspricht dieser „Bedauerns-Laut" durchaus dem in der deutschen Sprache üblichen kurzen O wie in „fort" oder „voll". Allerdings „dauert" das Bedauern normalerweise nicht nur eine Zehntelsekunde, sondern in der Regel eine Sekunde oder länger. Um die Dauer darzustellen, müsste man mehrere Vokale aneinanderreihen, was aber ein anderes Klangbild kennzeichnen würde.

Zugegeben: Dieser Laut tritt eher selten auf, aber wiederum nicht so selten wie zunächst angenommen. Neben dem Vorkommen beim schon erwähnten Bedauern ist er auch in diversen Dialekten gebräuchlich, in denen er an die Stelle eines langen A tritt. Stellen Sie sich einen Schauspieler im Hamburger Ohnsorg-Theater, einen alten Hannoveraner oder einen Sachsen vor, wie sie die Worte „Jahreszahl", „Wahnsinn" oder „damals" aussprechen.

Wir brauchen also ein Zeichen, das diesen Laut darstellt. In mehreren skandinavischen Sprachen wird dafür unser A benutzt (nicht, wie einige glauben, das å – dieser Buchstabe wird nämlich wie das deutsche lange O ausgesprochen). Da wir im 21. Jahrhundert auch und vor allem an das Schreiben mit Tastaturen denken müssen und nicht möchten, dass das benötigte Zeichen über eine umständliche Sonderzeichen-Suche ermittelt werden muss, bedienen wir uns wieder eines Akzent-Zeichens.

Wir haben vorhin den Akut im Zusammenhang mit der Betonung eines Vokals in einer Vokalgruppe definiert. Deshalb können wir dem Akut nicht noch eine weitere Funktion zukommen lassen. Folglich können wir den Gravis (französisch: „accent grave"), der von links oben nach rechts unten verläuft, für diesen Zweck verwenden. Dieser in Verbindung mit dem O wird zum einzigen neuen D2050-Buchstaben.

FAZIT: Der Hannoveròòner Lehrer gibt saaner Klasse raachlich Hausaufgòòben auf. Da blaabt kaane Zaat zum Bòòden. Die Schüler jammern: „Òòòò, muss das saan?!" – Der Lehrer: „Jòò."

Wir kennen in unserer Sprache noch weitere Laute (Konsonanten und Vokale), die im deutschen Alphabet bestenfalls indirekt durch Buchstabenkombinationen (und auch dann nicht völlig treffend) dargestellt werden können. In diesen Fällen handelt es sich um Begriffe, die aus einer anderen Sprache übernommen werden (z. B. die nasalen Laute bei „Chanson", der englische äi-Diphthong in „Babe" oder das „dsch" im Wort „Giro"). In diesen Fällen können wir die Original-Schreibweise beibehalten, solange diese Wörter in der Umgangssprache einigermaßen originalgetreu ausgesprochen werden. Aber es gibt leider eine Ausnahme:

4.17 Neue Konsonanten-Kombination „zj"

Hiermit versuchen wir, in D2050 das frankophone weiche „Sch" (wie bei „Janine") darzustellen. Erforderlich ist dies bei denjenigen Wörtern, bei denen sich die umgangssprachliche deutsche von der muttersprachlichen Aussprache deutlich unterscheidet. Der Laut selbst ist gar nicht das Problem, denn „Jeanette" oder „Jean-Jacques" kriegen wir ohne weiteres hin. Fast immer liegt es daran, dass bei der Endung das „e" mitgesprochen wird, obwohl es im Französischen stumm ist. Beispiele hierfür: Marge, Visage, Plantage...

In der Literatur wird manchmal, wenn französische Aussprache dargestellt werden soll, das G durch „sch" ersetzt. Doch Letzteres ist schärfer und würde einen falschen Eindruck vermitteln. Am liebsten wäre mir für D2050 eine Lösung mit einem Gravis (Accent grave) über dem G. Leider setzen manche Computertastaturen dies in einen vor dem Buchstaben stehenden Apostroph um. Und es soll ja schließlich ohne Schwierigkeiten auf Tastaturen schreibbar sein. Letztlich habe ich mich an der IPA-Darstellung orientiert, die einer tiefgestellten „3" und somit einer älteren Schreibschrift-Form des Z ähnelt.

FAZIT: Wenn die Originalschreibweise nicht mehr möglich ist, schreiben wir „zj" in Wörtern wie „Maarzje", „Viizaazje" oder „Plantaazje".

4.18 Doppelkonsonanten und „ck"

Wenn heute zwei gleiche Konsonanten nacheinander stehen, gibt es dafür zwei mögliche plausible Gründe:
- Sie gehören zu verschiedenen Silben und stehen quasi zufällig zusammen (z. B. das Doppel-R in Hinter-rad oder er-reichen; das Doppel-G in Flug-gast).
- Der Konsonant wurde verdoppelt, um zu kennzeichnen, dass der vorstehende Vokal kurz ausgesprochen wird (z. B. Sinn, hoffen, schnell). Dies gilt sinngemäß auch für den Sonderfall „ck", der das im Deutschen ungebräuchliche „kk" ersetzt (beispielsweise gleich zweimal in Zuckerbäcker).

Für den ersten Fall sehe ich keinen Änderungsbedarf, da die Regel logisch sinnvoll ist und unabhängig von irgendwelchen Eigenarten des Wortes gültig ist. Seit 1996 darf man sogar einheitlich drei gleiche Konsonanten nacheinander schreiben, wenn die Rechtschreibung der Einzelsilben dies erfordert (z. B. Brennnessel oder Rollladen). Vorher war dies nur erlaubt, wenn sich ein weiterer Konsonant anschloss (z. B. Sauerstoffflasche); folgte ein Vokal, durften nur zwei gleiche Konsonanten geschrieben werden. Glücklicherweise ist aber 1996 aus der „Schiffahrt" wieder die „Schifffahrt" geworden. Daran wollen wir nicht rütteln, denn wo etwas sinnvoll ist, ist es auch gut.

Das Argument mit dem kurzen Vokal vor dem Doppelkonsonant ist – in der hier betrachteten Richtung gedacht – ebenfalls schlüssig: Vor einem Doppelkonsonant wird der Vokal immer kurz gesprochen. Umgekehrt funktioniert es allerdings nicht einheitlich, wie ich bereits im Kapitel 4.12 „Lange und kurze Vokale" erläutert habe. Nicht hinter jedem kurzen Vokal folgt ein Doppelkonsonant, wie am folgenden Text verdeutlicht werden soll.

Inzwischen sind wir aber in Bezug auf D2050 weiter und schreiben lange Vokale generell doppelt. Daraus folgt umgekehrt, dass ein nicht verdoppelter Vokal nach D2050 kurz gesprochen wird. Wenn nun nach dem kurzen Vokal noch ein Doppelkonsonant folgt, ist zwar eine falsche Aussprache quasi ausgeschlossen. Aber eigentlich reicht doch ein einziges Indiz für den kurzen Vokal, und für die Zugabe eines zweiten besteht keine Notwendigkeit mehr.

Prüfen wir es anhand des eingerahmten Textes selbst: Er enthielt sieben Wörter mit Doppelkonsonanten, von denen drei auch noch aus der gleichen Wortfamilie („doppelt") stammen, aber 66 kurze Vokale (nach Standarddeutsch und wenn ich mich nicht verzählt habe). Das beweist, dass keine Verdopplung der Konsonanten nötig ist, um auf den kurzen Vokal hinzuweisen. Auch wenn wir beim Lesen normalerweise nicht darüber nachdenken, ob ein sinnvoller Zusammenhang zwischen Aussprache und Schreibweise besteht, so zeigt dieser Versuch, dass es uns vermutlich nicht besonders schwer fallen dürfte, auf Doppelkonsonanten zu verzichten, wenn sie zur gleichen Silbe gehören.

FAZIT: Konsonanten werden nur noch verdoppelt, wenn sie zu verschiedenen Silben gehören.

Eine solche Regel hätte den angenehmen Nebeneffekt, dass damit ein paar unlogische heutige Schreibweisen verbessert werden kann, wo man zu Unrecht einen Konsonanten weglässt, der aufgrund der einzelnen Wortbestandteile eigentlich geschrieben werden müsste und in D2050 in diesen Fällen auch wieder geschrieben werden darf. Beispiele:

- Heute schreiben wir „dennoch", obwohl sich das Wort aus den Silben „denn" und „noch" zusammensetzt und somit seit 1996 eigentlich mit drei N geschrieben werden müsste. Nach D2050 schreiben wir gemäß dem gerade Gelernten „dennox". Der Eindruck, die Verwendung des doppelten Konsonanten bliebe unverändert, trügt hier, denn es handelt sich um die Zusammensetzung aus „den" und „nox".
- Heute schreiben wir „Mittag", obwohl es sich um die Verbindung von „Mitt(e)" und „Tag" handelt. Auch hier müssten wir eigentlich gemäß aktueller Rechtschreib"logik" drei Konsonanten nacheinander schreiben. Nach D2050 entfällt die Verdopplung in der ersten Silbe, und wir setzen „Mit" und „Taag" zu „Mittaag" zusammen.

4.20 Sonderfall „dass / das"

Mit diesem Fazit können wir all denjenigen eine Freude machen, die sich schwer merken können, wann heute „dass" mit Doppel-s geschrieben werden muss. Viele schreiben es aus alter Gewohnheit und/oder wegen der diesbezüglichen, nach wie vor erschreckend hohen Fehlerquote in den Printmedien sogar mit ß. So variantenreich die deutsche Sprache in vielerlei Hinsicht auch ist: Sie hat es trotz dieser Schwierigkeiten nie geschafft, eine Alternative dafür zu entwickeln, dass phonetisch nicht zu unterscheiden ist, ob es sich um einen Artikel, ein Relativpronomen, ein Demonstrativpronomen oder eine Konjunktion handelt. Erst im Zusammenhang mit dem umgebenden Text wird es deutlich.

Mit D2050 gehört dieses Problem der Vergangenheit an. Gleiche Aussprache führt zu gleicher Schreibweise. Also verliert auch die Konjunktion „dass" ihren letzten Konsonanten. Um beim Lesen nicht ins Stocken zu geraten, wird es mit dieser Neuerung umso wichtiger, vor der künftigen Konjunktion „das" das Komma nicht zu vergessen. Zur Zeichensetzung kommen wir später noch ausführlich.

Damit ist in D2050 zwar keine Unterscheidung mehr zwischen dem Artikel (dem heutigen „das") und der Konjunktion (dem heutigen „dass") gegeben, aber auch daran gewöhnt man sich, und der jeweilige Sinn ist ohnehin immer im Einzelfall aus dem Zusammenhang erkennbar. In der englischen Sprache gibt es zwar nur einen einzigen bestimmten Artikel („the"), aber für uns ist es selbstverständlich, dass „that" sowohl als Demonstrativpronomen („jenes", „das da") als auch als Konjunktion („dass") zum Einsatz kommt.

4.20 Härtefälle und Kompromisse

Wie überall, wo es um Sprache geht, bleibt auch D2050 von einigen Grenz-
und Härtefällen nicht verschont. Ich bemühe mich, diese so anschaulich wie
möglich zu erörtern.

4.20.1 Auslautverhärtung

Dieser Begriff beschreibt ein Phänomen, das im gesprochenen Deutsch häufig vorkommt, meistens am Ende einer Silbe, aber bei Beugungen von Substantiven oder Verben auch vor der noch zur selben Silbe gehörenden Flexi-
onsendung. Dabei wird ein eigentlich stimmhafter (weicher) Konsonant, der so
genannte Auslaut, stimmlos (hart) gesprochen.

Betroffen sind die Konsonanten B, D, G, S, V und W. „Lob" klingt wie
„Lop", „mild" klingt wie „milt", „Berg" klingt wie „Berk", „aktiv" wie „aktif",
„Erbse" wie „Erpse", „des Nervs" wie „des Nerfs", aus „sie legte" wird „sie
lekte", und der Fußball-Bundestrainer Löw wird mit „Herr Löf" angesprochen.

Das G hat sogar noch eine Form der Auslautveränderung zu bieten. Nicht
nur in „Hamburch" oder „Pinneberch" gibt es „Zichtausende", die es
„wichtich" finden, jeden „Tach" um „zwanzich" Uhr die Nachrichten zu sehen. Einiges davon lässt sich regionalen Akzenten zuordnen, aber gerade die
Adjektive und Zahlwörter auf „-ig" (ständig, wenig, schmutzig, achtzig) werden nur noch in wenigen südlichen Regionen des deutschen Sprachraums
mehrheitlich so sauber ausgesprochen, dass am Ende ein G zu hören ist. Die
Aussprache wie „-ch" hat sich zwar etabliert und wird sogar in Einleitungstei-
len von Wörterbüchern so beschrieben, ist aber dennoch nicht „richtich".

In allen genannten Fällen behält D2050 die „weiche" Schreibweise bei. Die
Nähe zu anderen Wörtern des gleichen Stamms („Berge", „loben", „am mil-
desten", „Aktivität", „nervös" „legen") ist der Grund, warum die Rechtschreibung in diesen Fällen seit jeher nicht dem Klang folgt. Argumente wie „Das
war schon immer so" zählen für D2050 natürlich nicht. Meine Entscheidung,
in diesen Fällen dennoch nichts zu ändern, ist vielmehr zusätzlich dadurch
begründet, dass die Verhärtung keineswegs angewendet werden muss. Da der
Trend zum Englischen ungebrochen ist, dürfte der Prozentsatz derer, die *gutes*
Englisch sprechen, kontinuierlich steigen. Und diese Personen sind schließlich

ohne nachzudenken in der Lage, Wörter wie „and", „big" oder „alternative" mit weichem Auslaut zu sprechen. Dies wünsche ich mir auch für die deutsche Sprache, wohl wissend, dass ein derartiger Trend Vorbilder braucht und die Chancen darauf angesichts dessen, was in den Medien gesprochen wird, eher gering sein dürften.

Eine Ausnahme bildet der S-Auslaut. „Gras" klingt wie „Graß", obwohl die Rinder nicht „graßen", sondern „grasen". Der Unterschied zu den oben genannten Konsonanten liegt darin, dass sich in der heutigen Rechtschreibung das stimmlose (harte) und stimmhafte (weiche) S den Buchstaben teilen, anders als bei B/P, D/T, G/K oder V(W)/F. Zu diesem Thema verweise ich auf das bereits behandelte Kapitel (4.6 „Stimmhaftes und stimmloses S").

4.20.2 Internationale und fremdsprachliche Begriffe sowie Maßeinheiten

Dieses Themengebiet habe ich bereits im Zusammenhang mit dem Buchstaben C, insbesondere der Kombination ch, sowie der neuen Kombination zj angerissen; ich gehe an dieser Stelle erneut darauf ein, weil ein Großteil der betroffenen Begriffe unabhängig von einzelnen, in D2050 modifizierten Buchstaben ist.

Grundsätzlich habe ich kein Problem damit, Wörter fremdsprachlicher Herkunft ins Deutsche zu übernehmen. Sprache ist lebendig, die Welt ist zusammengerückt, und nicht für jeden Begriff, den der kontinuierliche technische und kulturelle Fortschritt hervorbringt, gibt es sinnvolle Synonyme in der Heimatsprache. Ebenso ist es nur konsequent, diesbezüglich alle Sprachen einheitlich zu behandeln. Es ist also grundsätzlich egal, ob ein Wort ursprünglich altgriechisch, lateinisch, englisch, französisch, slawisch oder türkisch ist oder aus einer asiatischen oder sonst einer Sprache stammt.

Wenn der Begriff bei seiner Verwendung in einem deutschsprachigen Zusammenhang in Schreibweise und Aussprache dem Ursprung entspricht, muss er nach D2050 nicht anders als bisher geschrieben werden. Einige Beispiele:
- Pizza (nicht „Pitsa")
- Gnocchi (nicht „Njoki")
- Cappuccino (nicht „Kaputshiinoo")
- Computer (nicht „Kompjuter")
- E-Mail (nicht „Ii-mäil)

- Interview (nicht „Intervjuu")
- Niveau (nicht „Niivoo")
- Chakra (nicht „Tshakraa")
- Feedback (nicht „Fiidbäk")
- Keyboard (nicht „Kiibord")
- sexy (nicht „seksii")
- de facto (nicht „dee faktoo")
- Status Quo (nicht „Shtaatus Kvoo" – Voraussetzung: S und T getrennt aussprechen wie in „Stil" bzw. „Style"!)

Sollten allerdings die Gelehrten D2050 unter der Bedingung akzeptieren, dass auch diese und ähnliche Begriffe der neuen Logik unterworfen werden, dann werde ich ganz sicher nicht widersprechen. Denn so abwegig wäre es immerhin nicht, beispielsweise „Portjee", „Mänätshment" oder „Äärbäg" zu schreiben, da jeder wüsste, was gemeint ist.

Auch Verben und deren diverse grammatische Formen, Partizipen und Adjektive einschließlich deren Steigerungsformen genießen in D2050 diesen Ausnahmestatus, das heißt, der Stamm kann so wie in der Fremdsprache geschrieben werden, obwohl die typisch deutschen Vorsilben, Partikeln oder Flexionsendungen hinzukommen. Beispiele:
- echauffiiren (französischer Wortstamm = échauff-; die französische Infinitiv-Endung -er wird zu -ieren und in D2050 zu -iiren)
- geroutet (aus der Informationstechnologie; Wortstamm = route; wenn der Begriff in der deutschen Sprache verwendet wird, sind auch die Verbformen nach deutschen Regeln zu bilden – also nicht die englische Vergangenheitsform „gerouted"!)
- er/sie googlete (Wortstamm = Google, nicht „Googel", also auf keinen Fall das L nach dem E, denn sonst müsste D2050 das Verb „guugeln" einführen!)

Wenn das Wort sich vom ursprünglichen Stamm und der eigentlichen Aussprache schon weit entfernt sind, sollte es möglichst vermieden werden. Wenn das nicht möglich oder nicht gewollt ist, müsste nach D2050 eine neue Schreibweise her (die sich natürlich an den dargelegten Regeln orientiert): Beispiele:
- „Training" könnte zwar übernommen werden, wenn es originalnah ausgesprochen wird, aber eine alternative Schreibweise „Träning" halte ich auch schon 2014 für sinnvoll. In D2050 würde es „trääning" heißen; in D2050 auf jeden Fall neu: „trääniiren".

- Die aus dem Französischen übernommenen Begriffe mit den Endungen „-ge" und „-tte" haben sich in der deutschen Umgangssprache zu weit vom Original entfernt, beispielsweise in „Garage", „Marge", „Toilette" oder „Pincette". Das „e" am Ende ist eigentlich stumm. Da wir aber nicht „Garaasch" oder „Toalett" sprechen, müssen wir diesen Begriffen eine D2050-Schreibweise verpassen. Also schreiben wir in diesen Fällen „gaaraazje", „maarzje", „toolete", „pintsete". – Bei „Vernissage" oder „Camouflage" beweisen wir, dass wir es auch besser könnten. Diese Schreibweisen können beibehalten werden.
- „downgeloadet" ist völlig tabu! Die Vorsilbe „-ge" für die Partizipbildung muss im Deutschen zwischen Partikel und Verb geduldet werden; Fremdwörter dürfen aber nicht zerstückelt werdet, schon gar nicht, wenn es gute deutsche Entsprechunen gibt (hier: heruntergeladen).

Entsprechendes gilt für international einheitlich verwendete Maßeinheiten wie Volt, Watt, Ohm, Newton, Megabyte, Becquerel, nicht aber für Maßeinheiten, die im deutschen Sprachraum deutsche Bezeichnungen tragen und deren Aussprache sich außerhalb davon eben anders anhört (Meile, Unze usw.).

Schwierig wird dies vor allem wegen der Erweiterungen wie Kilo-, Centi-, Mega- oder Micro-. Diese Begriffe sind grundsätzlich international einheitlich, wurden jedoch teilweise in der deutschen Rechtschreibung verändert; in den genannten Beispielen wurde das C zum Z beziehungsweise zum K. Also muss einheitlich vorgegangen werden. Alle Erweiterungen, die eine Multiplikation oder Division der Grundeinheit begründen, werden in D2050 eingedeutscht dargesellt.

Wir schreiben also nach jetzigem Lernstand von D2050 beispielsweise „Kiiloogram" (Kilogramm), „Tsentiimeeter" (Zentimeter; Achtung: Abkürzung unverändert „cm", siehe noch folgendes Kapitel „Groß- und Kleinschreibung und Abkürzungen!), „Kvaadraatmeeter" (Quadratmeter; Achtung: Abkürzung unverändert „m²" oder „qm"), „Miliiliiter" (Milliliter), „Fuus" (Fuß), „Tsentner" (Zentner), „Galoone" (Gallone), „Maile" (Meile), „Untse" (Unze), „Tseentelzekunde", „Kiiloowatt-Shtunde", „Shtunden-Kiiloomeeter".

Die jüngste deutsche Rechtschreibreform hat unter anderem dazu geführt, dass man „Potenzial" (statt „Potential") oder „nummerieren" (mit Doppel-m) schreiben darf. Damit trägt die Orthografie in Einzelfällen dem Klang des gesprochenen Wortes Rechnung und legt die Fessel des sprachhistorischen Bezugs ab. In D2050 wenden wir diesen Grundsatz bei sehr vielen Begriffen, die in Fremdwörterlexika zu finden sind, noch viel konsequenter an. Da wir unzählige Wörter kennen, die auf „-tion" oder „-tial" enden, wird uns in D2050 häufit „-tsjoon" oder „-tsjaal" begegnen. – Wenn wir uns mit D2050 intensiv und ernsthaft beschäftigen, werden wir uns an die Wörter „Miljoon" oder „Miljoonäär" ebenso gewöhnen (müssen) wie an „Meeteeooroologii", Astroologii", „Aatoomfyysik", „Opoosiitsjoon" und „Sootsjaalpäädaagoogik". Allein die Grammatik ist voller Begriffe, die nach D2050 ganz anders buchstabiert werden, z. B. „Konjuugatsjoon", „Fleksjoon", „Akuuzaatiiv"... Am Ende dieses Buches habe ich die Kapitel 2.1 bis 2.4 ein weiteres Mal dargestellt, und zwar in D2050. Dort können Sie, verehrte Leser, einen Eindruck gewinnen, wie ein Text nach D2050 im Zusammenhang aussehen kann.

Streng genommen dürften demzufolge „Friseur" (der Duden erlaubt auch „Frisör", empfiehlt aber das Original), „Chauffeur" und „Ingenieur" (hier schreibt der Duden das Original vor!) nach D2050 unverändert geschrieben werden. Dagegen müsste bei der jeweiligen weiblichen Form auf die D2050-Orthografie zurückgegriffen werden, weil in Lyon, Lausanne, Paris oder auf Martinique nun mal niemand „Friseurin", „Chauffeurin" oder „Ingenieurin" sagt. Interessant finde ich die Inkonsequenz des Duden: „Friseurin" wird empfohlen, „Frisörin" ist erlaubt, doch die als veraltet geltende, eigentlich herkunftsgerechte Form „Friseuse" gibt es auch noch – wogegen „Frisöse" offiziell nicht existiert. Eine Angehörige des Fahrpersonals darf „Chauffeurin" und in der Schweiz auch „Chauffeuse", aber niemals mit ö geschrieben werden. Und für die „Ingenieurin" gibt es keine alternative Schreibweise. – D2050 toleriert, dass die Endung „-in" einheitlich für die weibliche Bezeichnung verwendet wird, und erlaubt in diesem Fall die Beibehaltung der ursprünglichen Rechtschreibung des Wortstamms.

Den größten Härtefall unter allen, auf die ich bei der Arbeit an diesem Werk gestoßen bin, stellen für mich die Begriffe „Europa" und „Euro" dar. Nach D2050 müssten wir beides am Anfang mit „Oi" und mit Doppel-o schreiben. Allen verschiedenen Schreib- und Aussprache- Varianten innerhalb des Kontinents, die diese international gebräuchlichen Begriffe zu bieten haben, ist gemein, dass ausgerechnet am Wortanfang ein „E" steht, selbst im kyrillischen und im griechischen Alphabet. Der Rest unterscheidet sich. „Europa" wird auf Englisch und Französisch zu „Europe", auf Finnisch zu „Eurooppa", in mehreren Sprachen des Balkans zu „Evropa", auf Lettisch zu „Eiropa", auf Irisch zu „Eoraip", auf Walisisch zu „Ewrop". Einzig das türkische „Avrupa" weicht davon ab, aber die Türkei gehört ja auch größtenteils zu Asien. Bei aller Gemeinsamkeit am Wortanfang ist die Aussprache dennoch sehr variabel. In manchen Sprachen wird „eu" wie „ö" gesprochen (z. B. Französisch und Niederländisch), in einigen anderen (Spanisch, Italienisch, Schwedisch) erklingen die Vokale E und U getrennt. – Die Währung „Euro" wird in allen Sprachen gleich geschrieben.

Wenn wir uns dies in der mündlichen deutschen Sprache angewöhnen könnten, wäre der Konflikt gelöst. Mir ist natürlich klar, dass sich gesprochenes Deutsch in der Breite nicht einfach ändern lässt, nur weil irgendein logischer Zusammenhang nicht passt (was der Fall wäre, wenn D2050 gelten würde und „Eu..." bestehen bliebe). Ich habe mich dennoch schweren Herzens – auch aus Rücksicht auf unsere Nachbarn – dazu entschlossen, in D2050 auf „Oiroopaa" zu verzichten, weil wir zumindest eine Chance haben, unsere Aussprache dieser Wörter umzustellen. Wir müssten E und U nacheinander sprechen. Dabei handelt es sich sprachwissenschaftlich um einen Hiat, das bedeutet, dass auf beiden Seiten einer Silbengrenze ein Vokal steht. Bei E und U würden wir in der deutschen Sprache normalerweise einen Diphthong (zur gleichen Silbe gehörend) vermuten, aber wir kennen e/u-Hiats beispielsweise aus „Museum" oder „Amadeus".

Sollte sich die Wissenschaft ernsthaft mit D2050 beschäftigen und sich trauen, sich auf „Oiroo" und „Oiroopa" festzulegen, könnte ich damit gut leben, wenn sich an der Aussprache nichts ändert; aber bis auf Weiteres akzeptiere ich für diese Fälle eine Abweichung von der D2050-Logik: Die Währungsbezeichnung „Euro" wird in D2050 nicht geändert, und für den Kontinent wird „Eu" am Anfang beibehalten, und nur der Rest wird den D2050-Regeln unterworfen, also „Euroopaa". Wie gesagt, der größte Härtefall...

4.20.3 Langer Vokal müsste kurz sein

Einige Wörter haben sich in der Umgangssprache so gewandelt, dass der Bezug zum Ursprung verloren gegangen ist, was sich auch auf die Aussprache erstreckt.

Bei der lateinischen Präposition „ab" (deutsch: von, aus) wird das A kurz gesprochen. Das Wort „Abitur" kommt von „ab-iturire" (abgehen wollen), hat in der Umgangssprache jedoch längst eine geänderte Silbenstruktur erfahren: „A-bi-tur" (statt Ab-i-tur). Dies hat dazu geführt, dass aus dem kurzen ein langes A geworden ist. – Gleiches gilt für das Wort „Adapter". Es setzt sich zusammen aus den lateinischen Wörtern „ad" (mit kurzem A; deutsch: zu) und „aptus" (deutsch: passend). Statt „Ad-ap-ter" sagen wir „A-dap-ter", und das A wird lang gesprochen. Die Weise, wie wir diese Wörter benutzen, hat sich vom Ursprung weit entfernt. Darum folge ich für D2050 der Linie, wie sie seit 2006 z. B. für „Pädagoge" erlaubt ist: Obwohl das Wort ursprungsgetreu eigentlich aus den Silben Päd-a-go-ge besteht, ist inzwischen auch eine Zerlegung in „Pä-da-go-ge" zulässig, womit der inzwischen etablierten Aussprache entsprochen wird. Die mündliche Sprache dient also auch offiziell manchmal als Vorbild für die Rechtschreibung.

FAZIT: Wenn ein Vokal in standarddeutscher Umgangssprache lang gesprochen wird, soll er in D2050 auch lang geschrieben werden. Also schreiben wir in den dargestellten Fällen „Aabiituur" und „Aadapter".

4.20.4 Die Kombinationen „ng" und „nk" innerhalb der Silbe

In diesen Fällen kann leider auch D2050 keine Abhilfe schaffen. Wir begegnen diesen Kombinationen in der deutschen Sprache sehr häufig und kommen überhaupt nicht auf den Gedanken, an ihrer Aussprache zu zweifeln. Niemals würden wir freiwillig die umständlich wirkende, getrennte Aussprache der beiden Konsonanten in Betracht ziehen, beispielsweise in Wörtern wie „Bank", „Junge", „Zink" oder „eng". Mir ist keine Sprache bekannt, die für diesen „Klang" einen eigenen Buchstaben vorgesehen hat.

Normalerweise ist bei ng am Ende einer Silbe oder vor einem hellen Vokal (E und I) weder ein N noch ein G zu hören. – Die Kombination nk müsste, genau genommen, eigentlich ngk geschrieben werden, denn das akustische „ng" klingt hier mit und wird anschließend durch ein hörbares K ergänzt. Selbst wenn zwischen den beiden Buchstaben die Silbe wechselt, sie aber einen gemeinsamen Wortstamm haben, ändert sich für ng und nk nichts am Klangbild. Beispiele:
- sin-gen (Wortstamm „sing")
- dan-ke (Wortstamm: „dank")
-

Auch in anderen Sprachen des germanischen Sprachraums klingt es genauso, wie wir unter anderem anhand uns bekannter Städtenamen feststellen können (Stavanger in Norwegen, Groningen in den Niederlanden, Norrköping in

Schweden), und die englische Sprache benutzt die „ing-Form" für sämtliche Verben.

Wenn der zweite Buchstabe der Kombination ng am Anfang einer Silbe steht und danach ein dunkler Vokal (A, O, U) folgt, ist das G zwar zu hören, aber davor immer auch die oben beschriebene phonetische Erscheinung von ng.

Wenn „ng" oder „nk" zu verschiedenen Silben und einem unterschiedlichen Stamm gehören, werden sie natürlich nicht kombiniert, sondern einzeln gesprochen, z. B. „Tan-nen-grün", „Zei-len-kopf".

FAZIT: In D2050 bleibt für „ng" und „nk" alles beim Alten.

4.20.5 Orthografischer Bezug zum Wortstamm geht verloren

In einigen Fällen geht der Bezug zum Wortstamm in der bisherigen Form verloren. Da die Änderungen aber einem einheitlichen Schema folgen, sollte uns die Umgewöhnung keine Probleme bereiten. Das Schema wurde bereits behandelt: „ü" wird zu „y"; „eu" und „äu" werden zu „oi".

Relativ einfach ist die Neuerung, wonach bekanntlich das heutige Ü durch Y ersetzt wird. Dies trifft uns in D2050 bei der Bildung des Plurals, des Adjektivs oder Adverbs zu einem Stamm-Substantiv oder beim Komparativ zu Adjektiven mit kurzem oder langem U, wie folgende Beispiele veranschaulichen:
- „Sprung/Sprünge" wird zu „Shprung/Shprynge"
- „klug/klüger" wird zu „kluug/klyyger"
- „jung/jünger" wird zu „jung/jynger"
- „Eigentum/Eigentümer" wird zu „Aigentuum/Aigentyymer"
- „Jude/jüdisch" wird zu „Juude/jyydish"
- „Natur/natürlich" wird zu „Naatuur/naatyyrlix".

Etwas vertrackter, doch ebenfalls einer einfachen Logik folgend, ist es mit den Diphthongen eu und äu, die in D2050 zu „oi" werden. Zum Beispiel entstehen folgende Ableitungen:

gültig 2014		D2050, aktueller Stand	
laufen	läuft	laufen	loift
Haufen	häufig	Haufen	hoifig
Schaum	schäumend	Shaum	shoimend
Maus	Mäuschen	Maus	Moisxen

69

Wenn in D2050 der Vokal oder Diphthong im Wortstamm bereits anders geschrieben wird, fällt natürlich die Ableitung leichter; zum Beispiel leitet sich vom Wortstamm „hoite" (heute) die adjektivierte Form „hoitiiger Taag" ab, und aus dem Substantiv „Tsait" (Zeit) wird das Adjektiv „tsaitlix".

Der mögliche Verlust des unmittelbaren orthografischen Bezugs zum Wortstamm mag aber nicht mehr als so großer Frevel gesehen werden, wenn ich nun relativierend hinzufüge, dass es den Bezug in der heutigen Rechtschreibung nur deshalb gibt, weil das gesprochene Deutsch bei regelmäßigen und unregelmäßigen Verben sowie diversen Varianten bei der Deklination von Substantiven eben *nicht* einer einheitlichen Logik folgt. Die dritte Person Singular des unregelmäßige Verbs „laufen" ist „läuft", beim regelmäßigen Verb „lauten" lautet sie... eben: „lautet". Und bei „taufen" heißt es „tauft" (nicht etwa „täuft"), obwohl derjenige, der „taufen tut", ein „Täufer" und somit nach D2050 ein „Toifer" ist.

4.20.6 Kurzes „e" und „ä" klingen gleich

Wenn in einem Text, der in D2050 geschrieben ist, ein einzelnes E erscheint, gibt es keinen Zweifel, wie das zu sprechen ist. Wenn im gleichen Text ein Ä steht, ist der Klang ebenso klar. Blöd ist nur, dass es keinen Unterschied gibt und dass der umgekehrte Rückschluss (von der Aussprache auf die Orthografie) nicht zu 100% funktioniert. Die Lärche (Baum) und die Lerche (Vogel) sind hinsichtlich der Aussprache heute schon nicht zu unterscheiden, und daran wird sich auch nichts ändern, wenn nach D2050 das „ch" durch „x" ersetzt wird. Es gibt noch ein paar weitere Fälle (und nicht „Felle"!).

Diese Schwäche kann D2050 ertragen, denn aus dem Zusammenhang geht immer hervor, was gemeint ist. Wer des Französischen mächtig ist, meistert ganz andere Hürden! Zwar kann von der Schreibweise eines französischen Wortes immer zweifelsfrei auf die Aussprache geschlossen werden, aber es kommt vor, dass zu einer gesprochen Silbe über zehn verschiedene Schreibweisen möglich wären.

4.21 Das „D2050-alfabeet"

A a	gesprochen: "aa"	N n	en
B b	bee	O o	oo
C c	tsee	P p	pee
D d	dee	R r	er
E e	ee	S s	es
F f	ef	T t	tee
G g	gee	U u	uu
H h	haa	V v	vee
I i	ii	Y y	yy (wie heute "üü")
J j	jot	Z z	zee (wie heute „see")
K k	kaa	Ä ä	ää
L l	el	Ö ö	öö
M m	em	Ò ò	òò (wie beim Bedauern)

5 Groß- und Kleinschreibung und Abkürzungen

Auf den ersten Blick handelt es sich um verschiedene Bereiche der Rechtschreibung. Allerdings wird im Verlauf dieses Kapitels deutlich, warum es sinnvoll ist, beide Themen im Zusammenhang zu behandeln.

Zu beiden Themen könnte man unzählige Varianten und Vorschläge ins Spiel bringen. Was ist nach der heute gültigen Regel erlaubt und verboten, was ist sinnvoll und was ist vor allem der Geschichte und Tradition geschuldet? Die Meinungen dazu sind vermutlich so vielfältig wie die Sprache selbst, und der Fantasie beim Umgang – sei es aus Unwissenheit oder aus Kreativität – sind offensichtlich keine Grenzen gesetzt.

Im Alltag stellen wir häufig Verstöße gegen die geltenden Regeln der Groß- und Kleinschreibung fest, die uns als solche manchmal gar nicht auffallen, weil es sich um allgemein anerkannte Begriffe oder Firmennamen handelt. Einige Beispiele:

Das iPhone ist zweifelsfrei nicht nur eine Marke, sondern auch ein Substantiv. Es steht für die Smartphone-Marke der Firma Apple Inc. und setzt sich aus dem „i" (für „Information") und „phone" (der Kurzform des englischen Begriffs für „Telefon") zusammen. Einem Kind, das schreiben lernt, könnte ich keinen logischen Grund nennen, warum entgegen aller Gebräuche der erste Buchstabe klein- und der zweite großgeschrieben werden darf (nicht nur in der Produktwerbung) und warum dies offensichtlich niemanden stört. Nun könnte man entgegnen, dass es sich um einen künstlichen Begriff handelt, der aus zwei Teilen besteht. Einspruch angenommen. Dies rechtfertigt vielleicht das große P. Doch das Substantiv beginnt nach wie vor mit dem I. Soll der Begriff in der genannten Kurzform den heutigen Rechtschreibregeln entsprechen, müsste es entweder „Iphone" oder „I-Phone" lauten. Ein kleiner Buchstabe an erster und ein großer an zweiter Stelle existiert übrigens offiziell auch in keiner anderen Sprache, die mit lateinischen Buchstaben geschrieben wird.

Aber wir Deutschen können noch verrückter: In Bochum finden Fußballspiele im so genannten „rewirpowerSTADION" statt. Diese Schreibweise ist tatsächlich als Marke eingetragen! Menschen mit Lernschwierigkeiten, die mit Mühe die geltenden Rechtschreibregeln im Gedächtnis gespeichert haben, können angesichts solcher Auswüchse verzweifeln.

Mehrere Großbuchstaben nacheinander deuten normalerweise auf eine Abkürzung hin. Wenn die Buchstabenfolge als Wort aussprechbar ist, spricht nichts dagegen, ein Wort daraus zu kreieren, beispielsweise in FIFA (für „Fédération Internationale de Football Association", den Weltfußballverband) oder dem Deutschen Aktien-Index DAX. Niemand würde „Eff I Eff A" beziehungsweise „Dee A Ix" sagen. Wenn man sich die Zunge verknoten müsste, werden die Buchstaben dagegen einzeln gesprochen, wie in MB (Megabyte) oder PLZ (Postleitzahl). Ausnahmen wie SED, Abkürzung für die Sozialistische Einheitspartei Deutschlands (der ehemaligen DDR), bestätigen die Regel. Alles nichts Ungewöhnliches. Es gibt jedoch auch den Fall, dass ein Begriff immer großgeschrieben werden soll, selbst wenn es gar keine Abkürzung ist. Der Name der Kölner Rockgruppe BAP ist dem Dialektwort „Bapp" (Vater) entlehnt. Einen Fan dieser Band kann man ärgern, indem man den Namen der Band „Bee A Pee" ausspricht.

Besonders originell war auch die Namensgebung von „ver.di", der „Vereinten Dienstleistungsgewerkschaft". Hier wurden gleich drei Rechtschreibregeln Opfer „künstlerischer Freiheit". Erstens wird das Substantiv (in diesem Fall der Name) abweichend von der Regel kleingeschrieben, zweitens werden mehrere Teile eines Begriffes weder zusammengeschrieben noch durch Bindestrich getrennt (stattdessen durch Punkt), und drittens wird nach dem Punkt weder ein Leerzeichen gesetzt noch kennzeichnet er das Satzende. Es darf spekuliert werden, ob die Organisation sich irgendwann ein neues Logo geben wird, durch das sich auch die Schreibweise ändert. Möglicherweise dient ein politischer Gegner von ver.di sogar einmal als Vorbild in Sachen Firmendesign: Von den Einflussmöglichkeiten der von „F.D.P." in „FDP" umbenannten „Freien Demokratischen Partei" auf die Geschicke des Landes kann mancher Gewerkschaftsfunktionär jedenfalls nur träumen.

Bei meinen Gedanken versuche ich darum erst gar nicht, die vermeintlich sinnvollen Regeln hervorzuheben, sondern folge dem strikten Grundsatz der Einfachheit.

Großbuchstaben sind eigentlich entbehrlich. Wenn die Älteren unter uns ehrlich sind, hat es sie schon früher nicht gestört, wenn wir ein Fernschreiben („Telex") gelesen haben, das ausschließlich Kleinbuchstaben enthielt. Inzwischen haben wir uns daran gewöhnt, wenn im privaten und teilweise sogar im weniger förmlichen dienstlichen Schriftverkehr, vor allem in E-Mails und SMS, auf Großbuchstaben verzichtet wird. Auch in Texten in den gängigsten Fremdsprachen entdecken wir Großbuchstaben nur selten.

Folglich fiele es uns mit hoher Wahrscheinlichkeit nicht schwer, wenn eine nächste Reform dies berücksichtigen und nur zunächst noch die folgenden Regeln für **Großbuchstaben** zulassen würde:

a) am Satzanfang (auch bei wörtlicher Rede):
    Groß wird geschrieben, wenn das erste Wort der wörtlichen Rede auch ein Satzanfang ist.

b) Eigennamen (Vor- und Nachnamen, jeweils mit allen Bestandteilen) auch Firmen, Vereine usw. sowie geografische Bezeichnungen (Orte, Länder, Berge, Flüsse usw.)

c) zum Namen gehörende Anredeformen und Titel, bei Titeln auch die abgekürzte Form; Beispiele:
    -Frau Doktor Müller-Lüdenscheid *(Frau Doktoor Myler-Lyydenshaid)*
    -Herr Direktor Schulze *(Her Direktoor Shultse)*
    - Frau Bundeskanzlerin *(Frau Bundeskantslerin)*
    - Professor Hastig *(Profesoor Hastig)*
    - Ihre Majestät *(Iire Maajestäät)*
    - Seine Königliche Hohheit) *(Zaine Kööniglixe Hoohait)*
    - Dipl.Ing., Prof. Dr.

d) feste Begriffe, wenn sie die Funktion eines Namens haben z. B. „Spanische Treppe", „Goldene Palme", „Zweiter Weltkrieg", „Olympische Spiele"; dies gilt auch für abgekürzte feste Begriffe mit Namensfunktion, siehe unten

e) Abkürzungen, wenn sie Namenscharakter haben (z. B „USA", „U18", „WDR"), sowie Abkürzungen von auf Eigennamen beruhenden, bereits heute großgeschriebenen Maßeinheiten (z. B. „W" für Watt)

Dann könnte entgegen heutiger Praxis zum Beispiel in folgenden Fällen kleingeschrieben werden:

- Die Anredepronomen „du" und „Sie" sowie ihre gebeugten Formen und abhängigen Pronomen: Eine Verwechslung zwischen der höflichen Anrede und der dritten Person im Plural ist im Kontext des jeweiligen Satzes ausgeschlossen. Abgesehen davon wäre die höfliche Form ohnehin grundsätzlich verzichtbar – aber dazu habe ich mich ja bereits in Kapitel 2.5 geäußert.
- Feste Begriffe ohne Namenscharakter wie „Gregorianischer Gesang", „Russisches Roulette", „Schwarze Mamba"
- Substantivierte Verben, Adjektive und Partizipien (die Bedeutung ist auch bei Kleinschrift zweifelsfrei aus dem Zusammenhang ableitbar)
- Die für Gott oder eine personifizierte göttliche Macht verwendeten Pronomen, z. B. in „Und Seine Barmherzigkeit währet immer für und für bei denen, die Ihn fürchten" (Lukas 1, 50). Dass Gott, Allah, Jesus etc. gemeint ist, ist aus dem Zusammenhang eindeutig erkennbar
- Personen, die nach geografischen Bezeichnungen benannt sind, z. B. „der Kärtner", „die Bremerin", „die Slowenen", „ein Aostataler". Im Unterschied zu den eigentlichen Namen ist in diesen Fällen die Verwendung von Artikeln möglich – Namen stehen dagegen im Standarddeutsch ohne Artikel. Auch wenn es regional üblich ist, *„die* Frau Müller" oder *„der* Wolfgang" zu sagen und einige Länder ausnahmsweise mit Artikel stehen (*die* Schweiz, *der* Iran), so sprechen wir auf Deutsch niemals über *das* Österreich, *das* Tirol oder *das* Köln.

Bei den **Abkürzungen** gilt es zu unterscheiden, ob die entfallenen Buchstaben zu einem einzelnen Wort oder zu mehreren Wörtern gehören. Vier verschiedene Ausprägungen sind üblich:

a) Bei einzelnen abgekürzten Wörtern bietet sich die Kleinschrift an. Dies gilt für schon heute gängige Abkürzungen wie „bzw.", „vs.",

„incl.". Diese Beispiele beziehen sich zwar auf abgekürzte Wörter, die bereits heute kleingeschrieben werden; doch nach den gerade aufgestellten Regeln für die Groß- und Kleinschreibung nach D2050 können wir dieses Prinzip in gleicher Weise auf Abkürzungen wie „abs." (heute: „Abs.", für Absatz), „nr." (heute „Nr." für „Nummer") oder „op." (heute „OP" für Operation) anwenden. Ausgenommen hiervon sind gemäß Regel e) Titel als Namensbestandteil sowie Maßeinheiten. Bei den Maßeinheiten und naturwissenschaftlichen Abkürzungen kommt hinzu, dass sie international einheitlich gültig sind und daher nicht nur weiterhin teilweise großgeschrieben werden müssen, sondern auch generell ohne Punkt zu schreiben sind. Beispiele: V für Volt, W für Watt, S für die Himmelsrichtung Süden, W für die Himmelsrichtung Westen, MB für Megabyte, CHF für Schweizer Franken, Hz für Hertz, aber g für Gramm, m für Meter.

b) Auch bei Abkürzungen, die mehrere Wörter zusammenfassen, sollte eine einheitliche und einfache Regel gelten. Hier müssen wir zusätzlich noch die Frage nach einem Punkt als Trennung regeln. Es erscheint schon heute inkonsequent, warum wir für die drei Wörter „und so weiter" die Abkürzung „usw." (mit nur einem Punkt am Ende) verwenden dürfen, dagegen aber bei „zu Gunsten", „bitte wenden" oder „siehe oben" die jeweilige Kurzform mit zwei Punkten versehen müssen („z. G.", „b. w.", „s. o."). In diesen Beispielen sind die verwendeten Wortarten jeweils unterschiedlich. Eine Ableitung allein aus der Wortart ist somit heute nicht möglich. Da künftig im Sinne der D2050-Rechtschreibung grundsätzlich jede Wortart kleingeschrieben werden kann, besteht kein Anlass mehr, bei den Abkürzungen differenziert vorzugehen.

c) Wenn die Begriffe aus mehreren abgekürzten Substantiven bestehen, wäre zu unterscheiden, ob es sich um einen Begriff mit dem Charakter eines Eigennamens (z. B. „NOK", „ÖVP", „ZDF", „EU" oder „BGB") handelt. In solchen Fällen wäre die Schreibweise in großen Lettern und ohne Punkte konsequent. Auch bezüglich bestimmter Maßeinheiten verweise ich auf Regel e) der obigen Ausführungen zur Großschreibung.

d) Im Gegensatz dazu werden abgekürzte Begriffe wie „CD", „PC" oder „MHD" oder „FKK" in der Funktion und im Sinne eines einzelnen Substantivs, aber nicht im Sinne eines Namens verwendet. Wenn künftig Substantive grundsätzlich kleingeschrieben werden dürfen, spricht nichts dagegen, diese Regel auch für deren Abkürzungen anzuwenden. Allerdings sollte dies aus Gründen der Einheitlichkeit grundsätzlich unter Verwendung des Punktes geschehen. Ich schlage deshalb vor, dass wir uns an lkw., wc., dvd., edv. (alternativ: it.), faq. oder html. gewöhnen.

FAZIT:
- Abkürzungen werden grundsätzlich kleingeschrieben, wobei nur nach dem letzten Buchstaben ein Punkt zu setzen ist (Regeln a, b, d).
- Abkürzungen, die mehrere Wörter zusammenfassen, werden zusammengeschrieben: usw. (und so weiter), zg. (zu Gunsten), mfg. (mit freundlichen Grüßen), zb. (zum Beispiel), so. (siehe oben). Bei Anwendung dieser Regel erübrigt sich praktischerweise gleich die Frage, ob die Bestandteile des abgekürzten Ausdrucks voneinander getrennt werden müssen (also ob bei einem mit Tastatur verfassten Text ein Leerzeichen zu setzen ist). Beispiel: „d. Ä." oder „d.Ä." („der Ältere"). In D2050 schreiben wir „dä.". Dann kann es auch nicht mehr passieren, dass eben dieses Leerzeichen am Zeilenende steht und einen ungewollten Zeilenumbruch verursacht.
- Der Punkt ist hierbei im Sinne des Leseflusses unverzichtbar. Gerade das Beispiel „siehe oben" verdeutlicht dies: Die Formulierung „Die Regel (so.) ist anzuwenden" vermeidet ein Missverständnis, das bei der Variante „Die Regel (so) ist anzuwenden" vorprogrammiert wäre.
- Wenn die Abkürzung für einen festen Begriff mit Namenscharakter steht, werden Großbuchstaben verwendet, und es wird auf den Punkt verzichtet.

6 Getrennt- und Zusammenschreibung

Dies ist wohl der komplexeste und verwirrendste Aspekt bei der Rechtschreibung einer ohnehin schon äußerst vielfältigen und verwirrenden Sprache. In der 25. Auflage des Buches „Duden – Die deutsche Rechtschreibung" aus dem Jahr 2010 werden allein zu diesem Thema zwanzig verschiedene Kennziffern aufgeführt. Einige davon zeigen dem Leser, dass nach der seit 2006 gültigen Rechtschreibung getrennte und zusammengeschriebene Formen parallel gültig sind. Dieser Kompromiss könnte dem Umstand geschuldet sein, dass die einzelnen Regeln sich nur schwer einprägen, und dass auch zahlreiche Germanisten, Journalisten und Lehrer sich mit diesen Regeln sowie mit dem Anspruch, sie stets fehlerfrei zu befolgen und zu lehren, überfordert fühlen. Die

Begründungen für die eine oder die andere Variante mussten dabei häufig gegen langjährig praktizierte und bewährte Schreibweisen abgewogen werden.

Die parallele Existenz mehrerer gültiger Alternativen führt zwar zu weniger Fehlern, fördert aber die Verwirrung anstelle bzw. an Stelle (!) der Aufklärung. Der Duden selbst widerspricht sich schon bei den zwei Verben, die genau dieses Thema bezeichnen. Es wird nämlich entweder „zusammengeschrieben" oder „getrennt geschrieben"! Dies geschieht aber nicht etwa nach dem Motto „Nomen est omen"; denn ein zusammengeschriebenes Wort ist sowohl logisch als auch orthografisch auch ein „ungetrennt geschriebenes" Wort. Und „ungetrennt geschrieben" wird nun einmal getrennt geschrieben. „Zusammengeschrieben" wird dagegen zusammengeschrieben, weil anderenfalls (also als „zusammen geschrieben") die Bedeutung „gemeinsam in Schrift gesetzt" unterstellt wird. Alles klar?

Also wird es Zeit, eine einheitliche, streng an der Logik orientierte Lösung zu schaffen. Dies ist auch für mich die größte Herausforderung an dem gesamten Projekt D2050. Dabei kommt uns gelegen, dass wir uns bei getrennt geschriebenen Wortgruppen keine Gedanken mehr darüber machen müssen, ob ein Teil davon großgeschrieben wird (zusammengeschrieben werden übrigens auch „großschreiben" und „kleinschreiben", da bei der Schreibweise „groß schreiben" bzw. „klein schreiben" die Fläche oder der Platzbedarf der Schrift gemeint sein soll). Zum Thema Groß- und Kleinschreibung in D2050 verweise ich auf das vorige Kapitel.

Um dieses Thema einerseits sinnvoll zu strukturieren und andererseits keinen Aspekt auszulassen, orientiere ich mich am Aufbau des Dudens und beginne jedes Thema mit dem Zitat aus diesem Werk. Als Quelle gilt also in den folgenden Unterkapiteln:

„Duden – Die deutsche Rechtschreibung" (25. Auflage – Dudenverlag 2010)
Kapitel „Regelungen und Hinweise A-Z", Thema Getrennt- und Zusammenschreibung, Kennziffern 47 bis 66
Die Inhalte der Quelle wurden weder kopiert noch vervielfältigt noch verarbeitet oder verfremdet, sondern eigenständig abgeschrieben und immer als Zitat gekennzeichnet.

6.1 Trennbare Zusammensetzungen von Verben

(ZITAT) Verben können mit
1. Präpositionen (z. B. „auf" in „auffallen"),
2. Adverbien (z. B. „hin" in „hingehen"),
3. Adjektiven (z. B. „schwarz" in „schwarzarbeiten") oder
4. [verblassten] Substantiven (z. B. „Teil" in „teilnehmen")
sogenannte trennbare oder unfeste Zusammensetzungen bilden, die nur im Infinitiv, in den beiden Partizipien sowie bei Endstellung im Nebensatz zusammengeschrieben werden. -§34 (1-3) und E3(1) - (ZITAT ENDE)

Ich füge jeweils ein Beispiel hinzu: 1. „vorkommen", 2. „herabsehen", 3. „feingliedern", 4. „notoperieren".

Betrachtet man diese Verben im Infinitiv, erscheinen sie einem zunächst nicht getrennt, sondern als Ganzes. Bei näherer Betrachtung merken wir aber, dass die Getrenntschreibung je nach Zusammenhang nicht ungewöhnlich ist. Schon beim Konjugieren möchte der oben genannten Verben hat man keine andere Wahl, da der erste Bestandteil aufgrund grammatischer Zwänge (Beugungsregel) getrennt werden muss: „es kommt vor", „wir sehen herab", „ich gliedere fein". – Diese Regel könnte man übrigens meiner Meinung nach abschaffen, denn ich sehe keinen logischen Grund, warum man nicht „es vorkommt" oder „ich feingliedere" sagen dürfte. Hier überschreiten wir allerdings die Grenze von Rechtschreibung zu Grammatik und vor allem zu gesprochener Sprache, wodurch Änderungsansätze nahezu chancenlos sind. – Also zurück zum Thema. Zur Vollständigkeit seien noch die beiden anderen Konstellationen (neben dem Infinitiv), in denen zusammengeschrieben wird, durch ein Beispiel verdeutlicht:
- Partizip Präsens: „vorkommend"
- Partizip Perfekt: „vorgekommen"
- am Ende des Nebensatzes, z. B. „...weil es dort vorkommt."

Auf die vier oben aufgeführten Konstellationen wird in den folgenden Kapiteln noch separat eingegangen. Darum gibt es an dieser Stelle noch kein einheitliches Fazit.

6.2 Abgrenzung: Zusammengesetzte Verben / Wortgruppen (Adverb und Verb)

(ZITAT) Zusammensetzungen mit Verben können gelegentlich aus denselben oder ähnlichen Wörtern bestehen wie getrennt geschriebene Wortgruppen. Bei den Zusammensetzungen aus Adverb und Verb ist das Adverb meist deutlich stärker betont als das Verb. Bei den entsprechenden Wortgruppen sind die Bestandteile in der Regel etwa gleich betont. -§33E, §34 E1 - (ZITAT ENDE)

1996 gab es nach meiner Meinung eine gute Regel. Ich erwähne sie hier, weil sie sowohl für Verben als auch für Adjektive anwendbar war, auch wenn wir zu den Adjektivverbindungen erst später kommen. Nach dieser Regel durfte getrennt geschrieben werden, wenn das erste Wort in der vorliegenden grammatischen Form auch einzeln, also ohne Präposition oder Artikel stehen könnte. „Dank sagen", „Klinken putzen" oder „richtig stellen" wären ebenso zulässig gewesen wie deren partizipiale Formen, z. B. „Klinken putzend" oder „richtig gestellt". Dagegen musste man die Partizipien „schneebedeckt", „muskelbepackt" oder „vitaminschonend" zusammenschreiben, weil es sonst „von Schnee bedeckt", „mit Muskeln bepackt" oder „die Vitamine schonend" heißen muss. Fehlt die Präposition oder der Artikel, verliert das Substantiv seine Alleinstellung. In diesen Kombinationen gehen Substantiv und Partizip eine Verbindung ein, die als solche eher den Charakter eines Adjektivs hat.

In diesem Kapitel geht es wohlgemerkt schon um die Grundform des Verbs, den Infinitiv. Nach heutiger Regel ist die Betonung entscheidend. Man schreibt „gegenüberstehen" zusammen, wenn es im Sinne von „Wettkampf" oder zur Umschreibung einer Konfrontation gebraucht wird, weil die Betonung auf dem ersten Teil liegt, der hier als Adverb fungiert. Dagegen wird „gegenüber stehen" getrennt geschrieben, wenn auch das Verb eine Betonung erhält. Dies ist bei der räumlichen Bedeutung des Wortes der Fall: „Ich trete an den Schreibtisch des Chefs und bleibe gegenüber stehen". – Hier passt auch „die Mutter der Beispiele", an früherer Stelle bereits erwähnt: Im Wort „zusammenschreiben" wird die zweite Silbe des Adverbs betont. Wenn aber Sie und ich einen Aufsatz „zusammen schreiben", erhält auch das Verb eine Betonung und verursacht die Getrenntschreibung.

FAZIT: Im Zweifel für die Einfachheit! In diesem Zusammenhang plädiere ich dafür, unabhängig von der Betonung immer getrennte Wortgruppen schreiben zu dürfen. Die Sprachen unserer Nachbarländer kommen auch gut ohne solche langen Verben wie „auseinandersetzen" aus. Aus dem Zusammenhang geht eindeutig hervor, was gemeint ist. Die generelle Getrenntschreibung in diesen Fällen umgeht außerdem die unschöne Nebenwirkung, dass der Infinitiv anders behandelt wird als gebeugte Formen.

6.3 Zusammensetzung von Präposition und Verb

(ZITAT) Bei bestimmten Zusammensetzungen aus Adverb oder Präposition und Verb zeigt die Betonung, ob es sich um ein trennbares oder untrennbares Verb handelt. -§33 (3)- (ZITAT ENDE)

Der Duden bezieht sich bei der Frage nach der Trennbarkeit allerdings nur auf die Beugung, nicht auf den Infinitiv. Das Thema ist verwandt mit dem vorigen Abschnitt. Der Unterschied liegt in der noch festeren Verbindung der als untrennbar angesehenen Verben. Diese zeigt sich in der Konjugation.
- Fall 1: Tag und Nacht gehen ineinander über. (getrennt)
- Fall 2: Die Journalisten übergehen ein wichtiges Detail. (zusammen)

Weitere Beispiele für Fall 1: aufpassen, durchführen, mitkommen, gegensteuern und gegenüberstellen. In der konjugierten Form steht die Präposition getrennt hinter dem Stammverb. Beim Infinitiv sind beide verbunden, wobei die Präposition betont wird. Sie stellt hier eine so genannte Partikel (Präfix im weiteren Sinn) dar.

Im Fall 2 dagegen wird das Stammverb betont (weitere Beispiele: unterstützen, überschätzen, durchlaufen), und auch bei Konjugation bleibt es mit stets mit der vorstehenden Präposition zusammen.

Im zweiten Fall verliert die Präposition quasi ihren eigentlichen Charakter. Wenn ein Wortteil so fest mit dem Rest des Wortes verbunden ist und es in keiner Situation zu einer Trennung kommt, sehe ich diese Konstellation im Zusammenhang mit der Frage nach Getrennt- oder Zusammenschreibung überhaupt nicht als relevant an. Ich nenne diese Erscheinung „integrierte Präposition". Die Präposition fungiert im Fall 2 gegenüber dem Verb als ein Präfix im engeren Sinn, welches auch bei der Beugung an seiner Position bleibt.

Beide Fälle haben gemeinsam, dass der Lesefluss ins Stocken geraten oder zumindest eine Verwirrung beim Lesen auftreten würde, wenn die Präposition im Infinitiv, in der Partizipialform oder am Ende eines Nebensatzes einzeln geschrieben stünde. Hinter einzeln stehenden Präpositionen erwartet man nun einmal kein Verb, sondern normalerweise ein Objekt in Form eines Substantivs oder Pronomens im zugehörigen grammatischen Fall, normalerweise mit Artikel.

FAZIT: Die Begründung weicht zwar von der offiziellen ab, lässt es aber dennoch sinnvoll erscheinen, auch für D2050 alles im heutigen Zustand zu belassen. Die genannten Grundformen schreiben wir also zusammen, und für die Beugungen entscheidet die Betonung über die Trennbarkeit.

6.4 Verbindungen von Verben mit dem Hilfsverb „sein"

(ZITAT) Verbindungen mit dem Verb „sein" werden generell getrennt geschrieben. -§35- (ZITAT ENDE)

Füreinander da sein, dabei sein, aus sein, „lass gut sein...". Gut so. Auch hier ist es für die Getrenntschreibung egal, ob man es mit dem Infinitiv oder der Konjugation zu tun hat. Bei der konjugierten Form (z. B. „Wir sind dabei" oder „Es ist aus" stellt sich die Frage ohnehin nicht).

Schwieriger wird es, wenn diese Verben substantiviert werden. So schön das Motto „Dabeisein ist alles" im olympischen Sinn auch ist, so unschön ist seine Schreibweise. Doch auch, wenn man getrennt „Dabei sein ist alles" schriebe, wären Missverständnisse beim Lesefluss und bei der Betonung wahrscheinlich. Um dies zu vermeiden und die substantivische Funktion des Verbs zu kennzeichnen, bietet sich als einfaches Hilfsmittel ein Bindestich an. Auf diese Weise entsteht „das Dabei-sein" – der Lesefluss bliebe gewahrt. Um die schwierige Frage der Groß- oder Kleinschreibung in diesem Fall müssen wir uns nach D2050 bekanntlich ohnehin keine Gedanken mehr machen.

FAZIT: Beim Gebrauch als Verb wird nichts geändert, also weiterhin getrennt geschrieben. In der Substantivierung verwenden wir in D2050 einen Bindestrich zur Trennung der Wortbestandteile.

6.5 Wort-Teile in einem Verb, die einzeln ungebräuchlich sind

(ZITAT) Zusammenschreibung gilt in der Regel, wenn der erste Bestandteil als frei vorkommendes Wort ungebräuchlich ist. -§34 (1.3) - (ZITAT ENDE)

Als Beispiele werden „abhandenkommen", „anheimstellen", „übereinstimmen" oder „zunichtemachen" genannt. Es stimmt, dass die ersten Bestandteile nicht einzeln gebraucht werden und teilweise nur in dieser einzigen Kombination auftreten. Mit Ausnahme von „übereinstimmen" (das mit „übereinkommen" vergleichbar ist) machen diese Verben einen etwas antiquierten Eindruck. Folglich dürfte es nicht schwer fallen, sie ganz zu vermeiden, ohne dass es auffällt. Man könnte sie beispielsweise durch „verlieren", „überlassen", „(sich) einig sein" bzw. „sich entsprechen" oder „zerstören" ersetzen. Wer sie dennoch gebrauchen muss oder will, muss natürlich wissen, wie damit umzugehen ist.

Auch in diesem Fall haben wir es mit einem Wortteil zu tun, der wie eine Partikel verwendet wird Die Funktion ist vergleichbar mit der in Abschnitt 6.3 beschriebenen Konstellation, bezogen auf die Behandlung in den unterschiedlichen Formen des jeweiligen Verbs, zu dem sie sich verbunden haben.

Vor der Reform der Reform wurde getrennt geschrieben, wenn der Bestandteil in dieser Form einzeln denkbar war. Da „abhanden", „zunichte" usw. generell im Rahmen der Konjugation vom Verb separiert sind, war diese Bedingung erfüllt. Es würde den Lesefluss nicht stören, wenn hier generell getrennt geschrieben würde. Ein weiteres Beispiel, das vom Duden als Gegenbeispiel angeführt wird, unterstützt diese Tendenz: „zugrunde liegen" soll laut Duden getrennt geschrieben bleiben, da auch „zu Grunde" erlaubt sei. Der Duden selbst empfiehlt dennoch die Zusammenschreibung von Wörtern wie „zugrunde", „zugunsten", auch wenn inzwischen beide Varianten erlaubt sind.

FAZIT: Im Zweifel wieder für die Einfachheit! Die betroffenen Wortbestandteile sind zwar in anderen Zusammenhängen einzeln ungebräuchlich, werden aber im Rahmen der Konjugation einzeln gestellt. Hier darf nach D2050 getrennt geschrieben werden.

6.6 Verb-Kombinationen: Wortart nicht eindeutig

(ZITAT) Zusammenschreibung gilt, wenn der erste Bestandteil in der Verbindung nicht mehr eindeutig einer Wortart zugerechnet werden kann. -§34 (E4)- Beispiele: fehlgehen, feilbieten, heimkommen, kundtun, wettmachen. (ZITAT ENDE)

Hier gilt hinsichtlich Charakter und grammatischer Behandlung des ersten Wortteils das gleiche wie im vorigen Abschnitt. Also fällt auch das Fazit entsprechend aus. Auch wenn „heim" oder „kund" in diesem Zusammenhang keine Substantive sind, können sie in D2050 problemlos getrennt geschrieben werden, denn wir „tun kund". Oder „kundtun" Sie etwa?

FAZIT: Wir bemühen uns um Vermeidung dieser Wörter, aber wenn wir sie dennoch benutzen müssen oder wollen, schreiben wir sie einheitlich getrennt.

6.7 Verb-Kombinationen: Erster Wortteil ist Partizip

(ZITAT) Ist der erste Bestandteil ein Partizip, wird in der Regel getrennt geschrieben. -§34 (2.3) - (ZITAT ENDE)

Hierdurch wird der Unterschied zwischen „zusammenschreiben" (Adverb + Verb) und „getrennt schreiben" (Partizip + Verb) deutlich. Wenn „getrennt geschrieben" wird, spielt es keine Rolle, ob damit die Worttrennung oder das separate Arbeiten mehrerer Personen gemeint ist. – Die Regel gilt sowohl für Partizip im Präsens als auch Perfekt.

Es wäre inkonsequent, dem Duden nach den Fazits der vorangegangenen Kapitel zu widersprechen. Natürlich ist hier die Getrenntschreibung das einzig Sinnvolle. Aber halt! Bei „Getrenntschreibung" handelt es sich eindeutig um ein Substantiv, dessen beiden Bestandteile in diesem Kontext nicht einzeln stehen können, aber würden wir auch die substantivierte Verbform „das Getrenntschreiben" in einem Wort schreiben? Das Argument, wonach das Partizip einzeln stehen kann, kann wegen des grammatischen Zusammenhangs hier nicht angewendet werden: Einzeln würde daraus „das getrennte Schreiben". Wie schon im Abschnitt 6.4 (Verbindungen mit dem Hilfsverb „sein") ärgern uns hier die substantivierten Formen. Umso leichter sollte es uns fallen, an ihrer Stelle die wirklichen Substantive mit der Endung -ung zu benutzen. Für alle, die dennoch das substantivierte Verb bevorzugen, übernehmen wir in D2050 auch dafür das Fazit aus dem genannten Kapitel und umgehen dieses Problem, indem wir einen Bindestrich benutzen. Hinsichtlich Großschrift müssen wir uns bekanntlich ohnehin keine Gedanken mehr machen. Also „das getrennt-schreiben / *das getrent-shraiben*" (Partizip Perfekt), „das deckend-malen / *das dekend-maalen*" (Partizip Präsens).

6.8 Verb-Kombinationen: Erster Wortteil ist Substantiv

(ZITAT) Ist der erste Wortteil ein (nicht verblasstes) Substantiv, schreibt man in den meisten Fällen getrennt. Ist das Substantiv verblasst oder hat es in Verbindung mit dem Verb seine Eigenständigkeit verloren, schreibt man zusammen. -§34 (3) - (ZITAT ENDE)

Wenn jemand „Fahrrad fährt", darf er davon in getrennten Wörtern berichten, weil das Fahrrad im grammatischen Sinn selbst dann nicht verblasst ist, wenn es mal wieder eine Reinigung oder einen neuen Anstrich vertragen könnte. Entsprechendes gilt für „Marathon laufen" oder „Gitarre spielen".

Die Entscheidung, was als verblasst gilt, ist nicht ganz einfach, da dieser Zustand nicht grundsätzlich für ein Substantiv gilt, sondern nur im Zusammenhang mit einer Verb-Verbindung entsteht. Hilfreich bei der Entscheidung ist die Frage, ob die Bedeutung der Kombination aus Substantiv und Verb sich ändern würde, wenn ein Artikel vor den substantivischen Teil gestellt würde. In den obigen Beispielen ergäbe sich dann: „*das* Fahrrad fahren", „*einen* Marathon laufen", „*die* Gitarre spielen". Die Bedeutung der Aussage bleibt bei Verwendung des Artikels gleich. Somit handelt es sich nicht um verblasste Substantive.

Anders stellen sich z. B. „teilnehmen", „eislaufen" oder „windsurfen" dar. Würde man hier einen Artikel hinzufügen, wäre die Bedeutung entstellt: „*einen* Teil nehmen", „*das* Eis laufen" oder „*den* Wind surfen" zu sagen ist sinnlos. Diese Substantive haben ihre Eigenständigkeit verloren.

Leider bewahrt die Verblassung des Substantivs nicht vor der unsäglichen Trennung bei Konjugation: „ich nehme teil" und „ich laufe eis" gelten heute sowohl grammatisch als auch orthografisch als korrektes Deutsch, obwohl andererseits „er surft wind" als falsch gilt. Erneut stoßen wir hier auf eine nicht konsequente Regel, die dringend reformiert werden müsste. Ich bin der Meinung, dass dieser Zustand ein erstklassiges Argument für eine grundsätzliche Änderung ist, nämlich die Vereinfachung einer Regel der Syntax (des Satzbaus). Logischer wäre es nämlich, wenn wir „ich teilnehme" oder „du eisläufst" sagen dürften. Wahrscheinlicher ist allerdings, dass „er surft wind" demnächst ebenso zulässig ist wie „sie sicherten qualität" – schließlich steigt die Zahl derer, die vor lauter höheren Idealen sprachliche Regeln ignorieren und von sich behaupten: „Ich schätze (…) wert". Und da wir gesprochene Sprache kaum beeinflussen können, sollten wir zunächst die Rechtschreibung vereinfachen.

FAZIT: Die Eigenständigkeit des Substantivs im jeweiligen Satzbau ist Voraussetzung für die Getrenntschreibung. Insofern schließt sich D2050 bei dieser Regel der offiziellen Rechtschreibung an.

6.9 Verb-Kombinationen: Erster Wortteil ist Verb

(ZITAT) Ist der erste Bestandteil ein Verb, wird in der Regel getrennt geschrieben. Verbindungen mit „bleiben" und „lassen" als zweitem Bestandteil dürfen jedoch bei übertragener Bedeutung auch zusammengeschrieben werden. -§34(4)E7- Bei der Verbindung aus „kennen" und „lernen" ist sowohl die Getrennt- als auch die Zusammenschreibung möglich. (ZITAT ENDE)

Es wird wohl eine Weile dauern und man müsste es oft lesen, bevor sich „kennen lernen" durchsetzt. Erlaubt ist es bereits in der getrennten Form. Bei „kochen lernen", „einkaufen schicken" oder „putzen gehen" dürfte es schon leichter fallen – aber das Prinzip ist gleich! Knifflig ist „sitzen bleiben", da es zwei verschiedene Bedeutungen haben kann, nämlich „nicht versetzt werden" (in der Schule) oder „die Sitzgelegenheit nicht verlassen". Aus dem Zusammenhang des Satzes lässt sich die jeweilige Bedeutung jedoch immer zweifelsfrei erkennen. Darum gibt es auch hier kein Problem.

Ich freue mich, dass der Duden in den erwähnten Zweifelsfällen zumindest nicht auf der Zusammenschreibung besteht, obwohl er sie teilweise gestattet. So können auch wir erneut unsere Selbsthilfe anwenden, indem wir uns vorstellen, dass die Wortteile auch einzeln stehen könnten, ohne dass sich sprachlich etwas ändern würde. Die Getrenntschreibung ist somit auch wieder sowohl für den Infinitiv als auch in allen Konjugationsformen und Satzstellungen zulässig.

FAZIT: Wir schließen uns hier dem Duden an und schreiben die Verbformen in D2050 getrennt. Im Fall der Substantivierungen übernehmen wir das in vergleichbaren Fällen Gesagte, verzichten auf die Großschrift und benutzen einen Bindestrich (Beispiel: „Das verzichten-lernen fiel mir leicht / *Das fertsixten-lernen fiil miir laixt*").

6.10 Verb-Kombinationen: Erster Wortteil ist Adjektiv

(ZITAT)
1. Ist der erste Bestandteil ein einfaches Adjektiv, mit dem das Ergebnis einer mit dem Verb genannten Tätigkeit bezeichnet wird, kann getrennt oder zusammengeschrieben werden. -§ 34 (2.1)- – Nur getrennt schreibt man bei abgeleiteten oder erweiterten oder zusammengesetzten Adjektiven -§34 (2.3) - und bei zusammengesetzten Verben. Ebenso gilt Getrenntschreibung bei intransitiven und reflexiven Verben.
2. Ergibt die Verbindung von Adjektiv und (meist einfachem) Verb eine neue, als solche verfestigte Gesamtbedeutung, schreibt man zusammen -§34 (2.2)-. Wenn dies nicht klar entschieden werden kann, ist Getrennt- oder Zusammenschreibung zulässig -§34 (E5)-.
(ZITAT ENDE)

Hier sind ein paar Erläuterungen angemessen:

1. Eine (einfache) Adjektiv-Verb-Kombination findet sich z. B. in dem Satz „Er ließ den Motor heiß laufen" - oder eben zulässigerweise auch „...heißlaufen".
2. Von abgeleiteten oder erweiterten Adjektiv-Formen spricht man beispielsweise bei Steigerungsformen oder in den Fällen, wenn das Adjektiv aus einem Substantiv entstanden ist. Im Fall der Sätze „Sie konnte noch höher singen" (höher = Steigerung von hoch) oder „Ich habe zu kalt geduscht" (der Zusatz „zu" macht aus dem einfachen ein erweitertes Adjektiv) oder „Wir möchten gern ländlich leben" (Ableitung von „Land") ist eine Zusammenschreibung unzulässig.
3. Ein Beispiel für ein zusammengesetztes Adjektiv, das seinerseits als Ganzes noch in Kombination mit einem Verb steht, lautet „Er möchte die Wand dottergelb streichen". Hier müssen die beiden letzten Wörter ebenfalls separat stehen.
4. Ebenso verfährt man bei einer Wortgruppe, in der ein Adjektiv vor einem (bereits auf andere Weise) zusammengesetzten Verb steht. Da-

86

zu gehören unter anderem Verben, deren erster Bestandteil eine Präposition ist. Zum Beispiel bleibt „einsteigen" im Infinitiv zusammen, doch bei „schnell einsteigen" schreibt man getrennt. Sonst kann es passieren, dass dies als Fehler „rot angestrichen" wird.

5. Gleiches gilt bei reflexiven Verben, „auch wenn wir *uns* gern dumm stellen".

6. Und ein intransitives Verb (also ein Tätigkeitswort, das ohne ein Objekt stehen kann), dem ein Adjektiv vorangeht, finden wir in „fest schlafen" oder „laut rülpsen". Auch hier stehen Adjektiv (hier als adverbiale Bestimmung gebraucht) und Verb einzeln.

7. Eine neue Gesamtbedeutung des aus Adjektiv und einfachem Verb zusammengesetzten Verbs im Vergleich zur ursprünglichen Bedeutung der beiden Bestandteile soll gemäß Duden zusammengeschrieben werden. Diese Konstellation finden wir zum Beispiel in „schwarzmalen" oder „fremdgehen".

8. Nach Meinung des Duden nicht eindeutig sind diese Konstellationen: „Der Titelverteidiger wird seinen Herausforderer fertig( )machen" oder „Er wird seinen Gegner matt( )setzen".

Wir stellen fest, dass die Wortgruppe Adjektiv/Verb nur im Fall (7) heute zusammengeschrieben werden muss. Dafür wird mit der neuen, eigenständigen Bedeutung argumentiert. Hier hätte ich mir gewünscht, dass man zumindest – wie in den Fällen (1) und (8) beide Optionen zulässt. Meiner Meinung nach ist die unterschiedliche Handhabung von Konstellationen innerhalb eines Paragraphen inkonsequent und fördert die Verwirrung. Dabei könnte es so einfach sein, wenn in allen Fällen einheitlich verfahren würde – womit hier natürlich die Getrenntschreibung gemeint ist. Wenn wir ehrlich sind, können wir nicht ernsthaft behaupten, dass die Bedeutung unklar wird, wenn wir – um bei den genannten Beispielen zu bleiben – „schwarz malen" oder „fremd gehen" getrennt schreiben. Weitere Beispiele wären „voll tanken" oder „hoch leben" – auch in diesen Fällen ist die Bedeutung eindeutig.

Schließlich gibt es ein Beispiel, bei dem sich der Duden selbst widerspricht. Im Fall von „(sich an etwas) satt sehen" wird die Getrenntschreibung nicht einmal optional angeboten. Der Duden kennt nur „(sich) sattsehen". Dabei handelt es sich eindeutig um ein reflexiv gebrauchtes Verb, wodurch Fall 5 eintritt, der Getrenntschreibung verlangt.

FAZIT: Da in keinem der hier vorkommenden Fälle eine (inhaltliche) Verwechslungsgefahr besteht, vereinfachen wir für D2050 die Regel, indem wir generell die häufigere Variante, also die Getrenntschreibung anwenden. Dies trägt zur Verkürzung langer Wörter bei und beseitigt Zweifel durch die Vereinheitlichung der Schreibweise.

6.11 Zwei relativierende oder (kurze) gleichrangige Adjektive

(ZITAT)
1. Zusammensetzungen können einfache, unflektierte Adjektive als bedeutungsverstärkende oder bedeutungsmindernde erste Bestandteile haben, mit denen sich oft längere Reihen bilden lassen. -§36 (1.5)-
2. Zusammensetzungen können aus gleichrangigen Adjektiven gebildet werden. -§36 (1.4)-
(ZITAT ENDE)

Je zwei Beispiele für den ersten Fall; die Bedeutung des eigentlichen Adjektivs wird verstärkt oder gemindert:
- heilfroh (verstärkt das Adjektiv „froh", da es üblicherweise in der jeweiligen Situation zusätzlich Erleichterung ausdrückt); tieftraurig
- lauwarm (schwächere Form von „warm"); dunkelblond (nicht nur blond, sondern auch mit braunem Einfluss)

Im zweiten Fall dient der erste Bestandteil nicht der Relativierung des zweiten, sondern dem Ausdruck einer Verbindung aus mehreren Eigenschaften.
- Schwülheiß ist es nur dann, wenn es sowohl schwül als auch heiß ist. Man könnte beide Adjektive auch getrennt ausdrücken, ohne dass die Bedeutung verloren ginge: „schwül und heiß".
- Wenn eine Speise als süßsauer bezeichnet wird, beinhaltet ihr Geschmack sowohl süße als auch saure Elemente.

FAZIT: Würde man diese Adjektivkombinationen trennen, ohne ihre Komponenten durch „und" zu verbinden, ginge der Sinn verloren. Solange der Sprachfluss durch die Zusammenschreibung nicht leidet, spricht nichts dagegen, diese beizubehalten. Auch in D2050 schreiben wir zusammen, da wir logisch vorgehen, was in diesem Fall dem Sinn der Kombination geschuldet ist. Im Zweifelsfall kann immer ein Bindestrich benutzt werden. Dies ist sogar sinnvoll, da es bei längeren Adjektiven ohnehin vorgeschrieben ist. Siehe hierzu den Abschnitt 6.15 „Unübersichtliche gleichrangige Adjektive".

6.12 Partizip-Kombinationen

Bei dieser Regel wird gern das Beispiel „allein erziehend / alleinerziehend" angeführt. Die gleiche Konstellation finden wir bei „schwer wiegend / schwerwiegend". In der Tat sind hier beide Möglichkeiten erlaubt. Der Duden empfiehlt aber die Zusammenschreibung. Bei „freibleibend" lässt das Regelwerk hingegen keine Alternative zur Zusammenschreibung zu, obwohl es sich ebenfalls um die Verbindung von Adjektiv und Partizip handelt. Eine weitere Kombination von Partizip Präsens (hier allerdings mit einem Substantiv), für die der Duden erneut ein unterschiedliches Urteil gefällt hat, finden wir in „bezugnehmend / Bezug nehmend". Hier ist wieder beides zulässig, doch der Duden empfiehlt die Getrenntschreibung. Auch in „ressourcenschonend" sind Substantiv und Partizip verbunden, aber hier wird Zusammenschreibung verlangt. In diesem Fall ist nach meiner Meinung dringend eine Harmonisierung nötig.

Auch beim Partizip Perfekt gibt es reichlich Verwirrung:
- Der Behälter ist vollgelaufen. (Adjektiv + Partizip Perfekt – nur Zusammenschreibung erlaubt).
- Das Verfahren wurde neu entwickelt. (Adjektiv + Partizip Perfekt – nur Getrenntschreibung erlaubt). Aber:
- Das Geschäft wurde neu eröffnet / neueröffnet. (Adjektiv + Partizip Perfekt – beides erlaubt, Getrenntschreibung empfohlen).

FAZIT: Wir folgen dem Prinzip der Einheitlichkeit und Einfachheit. In D2050 schreiben wir diese Partizip-Kombinationen generell getrennt.

6.13 Verkürzung von Wortgruppen

(ZITAT)
Zusammensetzungen mit einem Substantiv als erstem Bestandteil sind oft Verkürzungen von Wortgruppen. Es wird dabei ein Artikel oder eine Präposition eingespart. -§36 (1)-
(ZITAT ENDE)

Das gleiche Thema hatten wir bereits bei den Verb-Kombinationen. Da Partizipien stets von Verben abgeleitet sind, bietet sich an, die gleiche Logik anzuwenden. Betroffen sind hier nur die Fälle, in denen das Substantiv seine Eigenständigkeit verloren hat, wo es also im jeweiligen Zusammenhang nicht ohne einen Artikel oder eine Präposition stehen kann.

FAZIT: Folglich werden „vitaminschonend" oder „bluttriefend" auch in D2050 zusammengeschrieben. Wer das nicht mag, benötigt ein zusätzliches Wort („die Vitamine schonend", „von Blut triefend").

6.14 Sonstige Adjektiv- oder Partizip-Verbindungen

(ZITAT)
1. Für Fälle, die in (den letzten drei Abschnitten) nicht beschrieben sind, gilt in der Regel Getrenntschreibung. -§36-
2. Verbindungen mit „nicht" als erstem Bestandteil können getrennt oder zusammengeschrieben werden. -§36 (2.3)-
(ZITAT ENDE)

Die zu 1. angefügten Beispiele unterscheiden sich vom Absatz „Partizip-Kombinationen" dadurch, dass das Partizip hier den ersten Teil der Verbindung darstellt. An der Stelle des Partizips kann aber auch ein Adverb stehen. Ich verdeutliche dies mit folgenden eigenen Beispielen:
- strahlend schön, einschläfernd monoton (Partizip Präsens + Adjektiv)
- gespielt höflich (Partizip Perfekt + Adjektiv)
- winzig klein (adverbiales Adjektiv + Adjektiv)
- damals modern (Adverb + Adjektiv).

Die zu 2. angefügten Beispiele beinhalten jeweils das Wort „nicht" und ein Adjektiv. Daraus folgt, dass die Verneinung als solche einen Fall herbeiführt, für den in der aktuell gültigen deutschen Rechtschreibung eine eigene Regelung benötigt wird.

Die für D2050 getroffene Regel (siehe Fazit) ist demnach „nicht offiziell" bzw. „nichtoffiziell", auf jeden Fall ist ihre Anwendung bisher „nicht genehmigt" bzw. „nichtgenehmigt". Wer sie heute schon anwendet, muss zwar mit Unverständnis, Rotstift oder Notenabzug rechnen, gilt aber immerhin noch als „nicht kriminell" bzw. „nichtkriminell". Übrigens lässt sich die Stil-Frage, ob „nicht" nun getrennt oder zusammen mit dem nachstehenden Adjektiv oder Partizip geschrieben werden sollte, in vielen Fällen dadurch umgehen, dass man das Wort „nicht" durch die jeweils passende Vorsilbe un-, in-, im- oder a- ersetzt („unkollegial", „unverstärkt", „ungeschützt", „inkompetent", „imparitätisch", „asozial"). Eine Vorsilbe ist niemals ein eigenständiges Wort, sondern immer ein *un*trennbarer Wortbestandteil. Ganz im Gegensatz zu „*nicht* trennbaren Bestandteilen"...

FAZIT: In D2050 schreiben wir die Verneinung „nicht" immer getrennt, wenn es vor einem Adjektiv, Adverb oder Partizip steht und deren Gegenteil ausdrücken soll. Bei den Partizip-Kombinationen ist es unerheblich, ob das Partizip vorn oder hinten steht. Es wäre unlogisch, hierfür verschiedene Regeln vorzuschreiben. Folglich schreiben wir sie einheitlich getrennt.

6.15 Unübersichtliche gleichrangige Adjektive

(ZITAT)
Längere, in Zusammenschreibung unübersichtliche Zusammensetzungen aus gleichrangigen Adjektiven schreibt man mit Bindestrich. -§44 (2)-
(ZITAT ENDE)

Entscheidend ist, dass nicht eines der Adjektive das andere relativiert. Sie stehen nebeneinander und sind gleichberechtigt. Die Reihenfolge ihrer Nennung hat sich dabei oft eingebürgert, stellt aber keine Wertung dar. Die Formulierung „länger" bietet Interpretationsspielraum. Im Duden wird diese Regel bereits bei zweisilbigen Adjektiven angewendet.

Gleichberechtigung von Adjektiven lassen sich dadurch erkennen, dass man sie auch nacheinander aufzählen oder mit „und" verbinden könnte. So kennen wir beispielsweise die „freiheitlich-demokratische Grundordnung", welche weder durch die „geistig-moralische Wende" noch durch die „christlichorthodoxe Kirche" beeinträchtigt werden darf. Andererseits darf der „wissen-schaftlich-technische Fortschritt" nicht den „klimatisch-ökologischen Kollaps" begünstigen. Das erste der beiden Adjektive wird dabei nicht flektiert (ge-beugt). – Als (sprachwissenschaftliches) Gegenbeispiel dient „ein körperlich gesunder Mensch". Hier wird getrennt geschrieben, denn „körperlich" ist nicht gleichberechtigt, sondern hat die Funktion eines Adverbs, welches das Adjek-tiv relativiert - sonst hieße es ja „ein körperlicher und gesunder Mensch". Ebenfalls getrennt schreiben wir den „sozial problematischen Stadtteil". Der Stadtteil ist schließlich nicht sowohl sozial als auch problematisch, sondern in sozialer Hinsicht problematisch.

FAZIT: Für D2050 schließen wir uns dem Duden an und schreiben mit Bin-destrich. Würden wir die Adjektive zusammenschreiben, entstünden unver-hältnismäßig lange Wörter (es könnten theoretisch auch mehr als zwei gleich-berechtigte Adjektive verbunden werden!), die den Lesefluss erschweren. Würden wir sie getrennt schreiben, ginge der Sinn verloren oder das erste Adjektiv müsste flektiert werden, was der mündlichen Sprache widerspräche.

6.16 Bei Steigerungen oder Erweiterungen

(ZITAT)
Ist der erste Bestandteil gesteigert oder erweitert, gilt Getrenntschreibung. -§36 (E4)-
(ZITAT ENDE)

Es handelt sich um Fälle, bei denen für die einfache Form von der Duden-Redaktion Zusammenschreibung empfohlen wird. Bei einer Erweiterung oder Steigerung wird davon abgewichen. Beispiele:
- hochgelobt / am höchsten gelobt / weniger hoch gelobt
- sich langmachend / sich länger machend / sich allzu lang machend
- schwerbehindert / schwerer behindert / besonders schwer behindert

Hätte man sich bereits für die Grundform auf Getrenntschreibung festgelegt, würde es sich erübrigen, die Erweiterungen oder Steigerungen gesondert zu erwähnen. Leider widerspricht sich der Duden auch hierbei teilweise. So wird bei „Sie hat die Ansprache kurz gefasst" (hier partizipial gebraucht, nicht re-flexiv) die Getrenntschreibung empfohlen, natürlich auch in der Steigerung „kürzer gefasst". Wird das Verb aber reflexiv gebraucht, wird Zusammen-schreibung verlangt: „Sie hat *sich* kurzgefasst". Im Komparativ wird dies beibehalten: „Sie hat sich kürzergefasst" (als der Redner davor). Auch „hochge-stellt" bleibt gemäß gültiger Rechtschreibung in den gesteigerten Formen „hö-hergestellt" und „höchstgestellt" zusammengeschrieben.

Verwirrung ist auf diese Weise vorprogrammiert. Die oben zitierte Regelung ist nur sinnvoll, wenn sie einheitlich angewendet werden darf.

FAZIT: In D2050 schreiben wir generell in diesen Fällen getrennt.

6.17 Verbindung aus Präposition und Substantiv

(ZITAT)
Man schreibt ein (verblasstes) Substantiv mit einer Präposition zusammen, wenn die Fügung zu einer neuen Präposition oder einem Adverb geworden ist. In vielen Fällen kann die Fügung auch als Wortgruppe angesehen und getrennt geschrieben werden. -§39 (1) und (3) , E4 (1) und (3)-
(ZITAT ENDE)

Diese Konstellationen begegnen uns viel häufiger als man spontan annehmen möchte. Grundsätzlich könnten wir aus der Unterscheidung zwischen verblass-ten (zusammen) und unverblassten Substantiven (getrennt) ableiten, wie die Kombination mit der Präposition zu behandeln ist. Jedoch ist die Frage, ob ein Substantiv verblasst ist, nicht immer leicht zu beantworten.

Ein gutes Beispiel dafür ist „zu Haus(e)" bzw. „zuhaus(e)". Der Duden emp-fiehlt hier die Getrenntschreibung, lässt aber beides zu. „Haus" wird hier als unverblasstes Substantiv angesehen, das mit der heutzutage selten gebrauchten lokalen Präposition „zu" im Dativ steht, ähnlich wie in „zu Pferd", „zu Fuß", „zu Land", „zu Wasser", „zu Berlin". – Für eben diese Präposition „zu" präfe-riert der Duden dagegen bei anderen Kombinationen die Zusammenschrei-bung: zulasten, zugunsten, zumute, zunutze, zuleide (die Substantive Last, Gunst, Mut bzw. Nutzen sind hier eindeutig verblasst). Immerhin erlaubt der Duden in diesen Fällen alternativ auch die Getrenntschreibung. Doch im Ge-gensatz zu „zuleide" darf „zuliebe" nur zusammengeschrieben werden. Warum hier unterschieden wird, ist mir schleierhaft.

Ebenso kommt die Zusammenschreibung zwar „infrage" (empfohlen, aber „in Frage" ist auch zulässig), aber nicht „in Betracht" (nur getrennt erlaubt). Diese unterschiedliche Behandlungsweise stelle ich gleich einmal „in Frage"...

„Anstelle" wird empfohlen, „an Stelle" ist aber erlaubt, da das Substantiv nicht als verblasst angesehen wird. Dagegen ist aber die Zusammenschreibung bei „anstatt" verbindlich. Um die Verblassung des Substantivs „Statt" aufzuheben, wäre ein Artikel nötig.

Es wird zwar „aufseiten von" und „vonseiten (+Genitiv)" empfohlen, aber „auf Seiten von" bzw. „von Seiten..." zugelassen. Das Substantiv gilt als unverblasst. Gleiches gilt für „aufgrund von" bzw. „auf Grund von". „Auf Basis von" ist dagegen nur getrennt erlaubt.

Einheitliche Regeln fehlen also auch in diesem Fall. In den meisten Beispielen ist das Substantiv als selbstständiges Wort denkbar. Für manche Zweifelsfälle, in denen es eindeutig verblasst ist, gibt es stilistisch gute und sinngleiche Alternativen:
- für „anstatt" lässt sich auch „statt" schreiben
- „vonseiten" / „von Seiten" ersetzt man durch „seitens"
- „vonstattengehen" (hier werden im Infinitiv gleich drei Wortarten – Präposition, verblasstes Substantiv und Verb – zu einem langen Verb verbunden; in gebeugten Formen „geht etwas vonstatten") lässt sich besser mit „verlaufen" oder „sich entwickeln" ausdrücken
- „aufseiten" / „auf Seiten" verliert durch den Artikel jede Brisanz und wird zu „auf der Seite von" (was durch den Singular zusätzlich auch noch sachlich richtiger wird)
- „inmitten" (+ „von" oder Genitiv) stellen wir um und schreiben „mitten in/im/zwischen..."

Wo keine Alternative möglich ist, ist dennoch eine einheitliche Getrenntschreibung vernünftig. In vielen Fällen darf bereits heute getrennt geschrieben werden. Im Gegensatz zu Präposition-Verb-Verbindungen wird der Lesefluss in diesem Fall nicht gestört, denn man erwartet auch im normalen Sprachgebrauch nach einer Präposition ein Substantiv (oder Pronomen) als Teil des Objekts. Und wenn mit D2050 die Großschreibung entfällt, sieht es auch nicht mehr „komisch" aus.

FAZIT: In D2050 schreiben wir generell in diesen Fällen getrennt.

6.18 Geografische Namen auf -er

1. Ableitungen von geografischen Namen auf „-er" schreibt man mit dem folgenden Substantiv zusammen, wenn sie Personen bezeichnen. -§37 E1-
2. Man schreibt sie in der Regel getrennt, wenn sie die geografische Lage bezeichnen. -§38-

Gemeint sind im ersten Fall Bezeichnungen wie Korintherbrief (an die Menschen aus Korinth gerichtet), Tirolerhut (aus der Tradition der Bewohner Tirols) oder Malteserorden (geht zurück auf die Geschichte dieser Organisation und hat keinen Bezug zur heutigen Republik Malta). – Für den zweiten Fall stehen die folgenden Beispiele: Hamburger Hafen (in Hamburg gelegen), Wiener Schnitzel (nach Zubereitungsart aus Wien), Westfälischer Friede (in Westfalen geschlossen), Genfer Konvention (in Genf vereinbart), Kitzbüheler Alpen.

Hilfreich für die Unterscheidung der jetzigen Regel ist die Betonung. Während im ersten Fall die Ableitung von den jeweiligen Landsleuten zu einer Betonung dieses Wortteils führt, wird im zweiten Fall das folgende, getrennt geschriebene Substantiv betont.

Natürlich wäre auch hier eine Vereinheitlichung wünschenswert. Das Zusammenschreiben bei den Konstrukten mit Personenbezug hat aber einen logischen Grund. Würde man getrennt schreiben wollen (also, um bei dem obigen Beispiel zu bleiben: „Korinther Brief"), müsste man dies konsequenterweise auch anwenden, falls Paulus sich auch an Adressaten aus Gegenden gewandt hätte, bei denen eine andere Endung als -er verwendet wird, z. B. die Einwohner Lettlands oder Frankreichs. Die nämlich bezeichnet man nun einmal nicht als „Lettländer" oder „Frankreicher", sondern als Letten bzw. Franzosen. Und einen „Franzosenbrief" müsste man schon zusammenschreiben. Sonst wäre es ein „Franzosen Brief". Allein die Tatsache, dass hier zwei getrennte Wörter gelesen werden, führt schon automatisch zur Betonung des zweiten Teils. Um dies zu vermeiden, kann natürlich wieder auf das beliebte Hilfsmittel, den Bindestrich, zurückgegriffen werden. Denn dann betonen wir ungewollt (und korrekterweise) den ersten Wortteil, egal, ob wir nun den „Hebräer-Brief" oder einen „Ostfriesen-Witz" lesen. Der Bindestrich bietet sich vor allem an, wenn die geografischen Bezeichnungen lang sind und das zusammengesetzte Wort dadurch unverhältnismäßig noch länger wird und der Lesefluss erschwert ist,

z. B. bei einer „Russlanddeutschen-Migration" oder einem „Nicaraguaner-Komitee".

FAZIT: In D2050 behalten wir die heutige Regelung bei und verwenden im ersten Fall wahlweise einen Bindestrich zur Trennung der beiden Wortteile.

6.19 Zahlen

(ZITAT)
In Buchstaben geschriebene Zahlen schreibt man zusammen, wenn sie kleiner als eine Million sind, und getrennt, wenn sie größer als eine Million sind. Ordinalzahlen werden generell zusammengeschrieben. -§36 (1.6)- Dezimalzahlen schreibt man als Wortgruppe.
Ableitungen von in Buchstaben geschriebenen Zahlen und entsprechende Zusammensetzungen schreibt man zusammen. -§37 (1)-
(ZITAT ENDE)

Auch für diese Regelung gibt es sicher einen Grund. Aber deshalb ist sie noch längst nicht sinnvoll. Schriftsprache sollte schließlich gut verständlich und flüssig lesbar sein. Wenn aber jede Zahl unter einer Million zusammengeschrieben werden soll, führt dies zu Monster-Wörtern wie siebenhundertdreiundachtzigtausendneunhundertsiebenundvierzig. Zugegeben, so etwas schreibt man in aller Regel überhaupt nicht als Wort, sondern gleich als Zahl, und dadurch wird die Frage umgangen. Ich denke aber auch an die bedauernswerten Notargehilfinnen, denen diese Schreibweisen in Verträgen nicht erspart bleiben („...in Worten...").

Sowohl in der englischen als auch der französischen Rechtschreibung wird bereits jeder in Worten ausgedrückte Zahlenwert ab 100 getrennt geschrieben, und für zweistellige Werte – allein oder am Ende einer längeren Zahl werden Bindestriche verwendet. Für 524 schreibt der Brite „five hundred and twenty-four", der Franzose „cinq cent vingt-quatre". Nun, der Bindestrich sähe im Deutschen sehr gewöhnungsbedürftig aus, aber das liegt daran, dass die deutsche Sprache auch beim Zahlensystem unnötig kompliziert ist: Wir sagen nun einmal nicht „zwanzig-vier", sondern „vierundzwanzig". Doch wenn wir über unseren Schatten springen würden, könnten wir uns auch an „fünf-und-zwanzig" gewöhnen, ohne dass wir unsere Sprachgewohnheit ändern müssten. Und wie gesagt: normalerweise schreiben wir ohnehin nur Zahlen bis zwölf in Buchstaben, ab 13 benutzen wir Ziffern. Doch die Juristen könnten einmal darüber nachdenken, ob sich ein Vertrag nicht deutlich angenehmer lesen ließe, wenn dort beispielsweise "fünf hundert vier-und-zwanzig tausend" statt „fünfhundertvierundzwanzigtausend" stünde.

Erläuternd zur Regel der in Worten dargestellten Dezimalstellen sei erwähnt, dass nach heute gültiger Vorschrift das Komma immer als eigenes Wort und die Nachkomma-Werte wieder als eigenes Zahlenwort geschrieben werden. Beispiel: „zweiundachtzig Komma dreiundfünfzig".

Die Ordnungszahlen können dann nach dem gleichen Schema wie die Grundzahlen behandelt werden. Wer also z.B. den 1.111.111-ten Kunden seines Geschäfts begrüßen und diese Zahl in Worten schreiben möchte, müsste sich heute noch an den „einemillioneinhundertelftausendeinhundertelften" Kunden wenden. Der oben erläuterte Verbesserungsvorschlag würde aber gestatten, den Glücklichen als den „eine Million ein hundert elf tausend ein hundert elften" Kunden zu adressieren (wobei die Million später natürlich kleingeschrieben wird, wie wir an anderer Stelle bereits festgelegt haben. Derjenige, dessen Geschäft nicht so groß angelegt ist, freut sich vielleicht auch schon über den „drei hundert drei-und-dreißigsten" Besucher.

Beispiele für Ableitungen von Zahlen finden wir in den Begriffen Dreizimmerwohnung, Viervierteltakt, Sechserpack, Zehnerkarte, Dreizehnprozenter oder Vierzigtonner. Diese Wörter können nicht getrennt geschrieben werden, weil der erste Wortteil entweder in diesem Zusammenhang nicht allein stehen kann („Sechser", „Zehner") oder sich der Sinn ändern würde (z.B. „Vier Vierteltakt" deutet auf vier einzelne Subjekte hin). – Aber wie immer, wenn das Wort lang oder unübersichtlich und somit nicht immer flüssig lesbar ist, bietet sich der Bindestrich an. Er legt unmissverständlich fest, dass die verbundenen Teile als Einheit zu verstehen sind, erleichtert aber die Lesbarkeit erheblich: Drei-Zimmer-Wohnung, Vier-Viertel-Takt, Sechser-Pack, Vierzig-Tonner.

Wir könnten an dieser Stelle für D2050 auch gleich einige Anpassungen der Orthografie vornehmen, um diese an Änderungen der Sprachgewohnheiten aus der jüngeren Vergangenheit anzupassen. Wenn selbst Rundfunk- und Fernsehsprecher sowie Schauspieler, die sich für „hochdeutsch" bzw. „dialektfrei" sprechend halten, nicht in der Lage sind, Zahlwörter korrekt auszusprechen, darf man sich über die Übernahme dieser Fehler in die Massensprache nicht wundern. Die wenigsten scheinen sich noch die Mühe zu machen, die Zahl „fünf" so zu sprechen, wie sie geschrieben wird. Alltäglich hört man ein M statt des N. Noch schlimmer ist es bei größeren Zahlen wie „fümmunvörrzich" oder „siemnfümfzich". Allerdings treten gerade diese sprachlichen Verunstaltungen regional unterschiedlich verbreitet auf, und nach meiner Beobachtung ist es dort am schlimmsten, wo man sich des „Hochdeutschen" rühmt und sonst eher abschätzig über dialektbedingte Verfremdungen herzieht. Dass ein Bayer „zwoa Komma fuchzg" (2,50) und ein Friese „fiefuntwinnich" (25) sagt, ist in diesem Zusammenhang absolut in Ordnung, da diese Menschen sich ja zu ihrem Dialekt bekennen, in welchem weit mehr als nur Zahlenwörter verfremdet sind. Für D2050 werde ich hierzu keine Änderungen vorschlagen und hoffe auf die Aufrechten, die sich auch in der Zukunft um eine saubere Aussprache bemühen.

Da es in diesem Abschnitt um Zahlwörter geht, bietet es sich an, auch kurz auf die Feinheiten bei in Ziffern geschriebenen Zahlen sowie Ableitungen davon einzugehen.

In ihrer Grundform werden Zahlen spätestens ab 13 auch in Texten üblicherweise in Ziffern dargestellt. Es spricht nichts dagegen, auch kleinere Zahlen schon als Ziffer zu schreiben, vor allem in Kombination mit Zeichen, Abkürzungen, bei mathematischen Darstellungen oder Sportergebnissen. Man sollte aber dabei die Eindeutigkeit und den Lesefluss beachten. Beispielsweise kann die Zahl 1 bei manchen Schrift-Typen leicht mit „l" (kleines L oder großes I) angesehen werden.

Heute wird bei Verbindung einer Zahl mit vollständigen Wörtern ein Bindestrich gesetzt, z. B. in „40-Tonner", „8-eckig", „4/4-Takt", „7-jährig", „5-Liter-Kanister", „5:3-Überzahl".

Bei Verbindungen mit Nachsilben unterscheidet der Duden: Ein Bindestrich wird bei Ordnungs- und teilweise bei Bruchzahlen verlangt. Dabei sollten die hierfür verwendeten Suffixe nach Möglichkeit vermieden werden, d. h. der gesamte Ausdruck sollte besser als Text oder in der mathematischen Form dargestellt werden. Zum Beispiel:
  - „drei 10-tel" (besser: „drei Zehntel" oder „3/10")
  - „die 9-te" (besser: „die neunte"/ „die Neunte" oder „die 9.")
Dagegen dürfen Bruchzahlen ab Nenner 20 aufwärts, die sich von kleineren Nennern dadurch unterscheiden, dass ein S hinzugefügt wird, sowie Kombinationen mit dem Prozent-Zeichen nur ohne Bindestrich geschrieben werden:
  - „ein 22stel" (besser „ein Zweiundzwanzigstel" oder „1/22")
  - „11%ig" (besser „elfprozentig" oder „11-prozentig")

Auch bei Verbindungen mit der Nachsilbe „-er" entfällt der Bindestrich, z. B. in „3er-Beziehung", „80er-Jahre" oder „4er-Bob". – Eine Besonderheit stellt die Endung „-fach" dar. Hier ist ein Bindestrich optional. Man darf also sowohl „2-fach" als auch „2fach" schreiben.

Ohne großen Aufwand können wir hier eine Einheitlichkeit herstellen, indem wir den Bindestrich immer benutzen, wenn wir ganze Wörter oder Nachsilben an Ziffern anhängen. Dennoch sollten wir nach Möglichkeit auf allgemein übliche mathematische Darstellungen zurückgreifen. Also schreiben wir „14-Ender / *14-ender*", „16-Takt-Schema / *16-takt-sheemaa*", „18-jährig / *18-jäärig*", sowie (wenn es unbedingt sein muss oder gewollt ist) „19-tel", „20-stel", „21-ter", „22%-ig" oder „23-fach / *23-fax*".

FAZIT: In D2050 schreiben wir Zahlwörter ab 100 („ein hundert") getrennt. Zahlwörter bis neunzehn und solche, die auf –zig/-tsig enden, schreiben wir in einem Wort. Sonstige zweistellige Zahlwörter schreiben wir mit Bindestrich. Dies gilt auch für Ordnungszahlen. Zahlen ab 13 aufwärts sollen möglichst in Ziffern dargestellt werden. Wo die Zusammengehörigkeit getrennt geschriebener Teile eines Ausdrucks verdeutlicht werden soll, wird ein Bindestrich zugelassen. Ein Bindestrich wird ferner gesetzt, um unübersichtliche lange Wörter zu entflechten und um Ziffern mit Wörtern oder Nachsilben zu verbinden.

6.20 dasselbe / das selbe

Zu diesem speziellen Terminus nennt der Duden keine spezielle Regel, sondern legt unkommentiert fest: „dasselbe" muss zusammengeschrieben werden (alternativlos). Andererseits gilt die Regel, dass „das Gleiche" getrennt und großgeschrieben wird. Es wird als substantiviertes Adjektiv angesehen.

In der Umgangssprache werden diese beiden Ausdrücke häufig synonym verwendet oder verwechselt. Über die Definition, wann welcher Ausdruck richtig ist, wird an vielen Stellen diskutiert. – Da das gesprochene Deutsch diese Situation geschaffen hat, halte ich eine Änderung der heutigen Handhabung für sinnvoll.

Da wir die Großschreibung in D2050 ohnehin abschaffen wollen, haben wir für (künftig) „das gleiche / *das glaixe*" keinen weiteren Handlungsbedarf. – Das Adjektiv „selb", vom dem „dasselbe" direkt abgeleitet ist, ist zwar einzeln nicht gebräuchlich, wird aber immerhin sogar in Wörterbüchern erwähnt und dort auch als Adjektiv definiert. Es lässt sich über „selbst", also „ die eigene Identität besitzend", herleiten, während „gleich" mit „gleiche Eigenschaften beinhaltend" umschrieben werden kann. Doch unabhängig von der exakten sprachlichen Einordnung hat die Umgangssprache Fakten geschaffen, die „dasselbe" in die unmittelbare logische Nähe zu „das Gleiche" rücken.

FAZIT: Also sollten wir es auch gleich behandeln. Es ändert sich nichts am Lesefluss, wenn wir nach D2050 künftig *„das zelbe"* getrennt schreiben.

6.21 Zusammenfassung

In D2050 schreiben wir grundsätzlich getrennt, wo dies möglich ist. Von diesem Grundsatz weichen wir in folgenden Fällen ab:

1.) Die Verbindung von Präposition und Verb im Infinitiv, im Partizip und am Ende eines Nebensatzes wird immer zusammengeschrieben („auftauchen / *auftauxen*", „umziehen / *umtsiien*" usw.). Wenn die Präposition die Funktion eines Präfixes einnimmt (unbetont), bleiben auch gebeugte Formen zusammen („überstehen / *yybershteeén*", „unternehmen / *unterneemen*").

2.) Die Verbindungen von Substantiv und Verb oder Partizip werden zusammengeschrieben, wenn das Substantiv verblasst ist oder seine Eigenständigkeit verloren hat („teilnehmend / *tailneemend*", „nottun / *noottuun*").

3.) Bei a) relativierenden oder b) kurzen gleichrangigen Adjektiven wird zusammengeschrieben: a) „heilfroh / *hailfroo*", b) „bittersüß / *biterzyys*". Bei gleichrangigen Adjektiven kann auch ein Bindestrich gesetzt werden.

4.) Bei langen oder unübersichtlichen gleichrangigen Adjektiven („physikalisch-technisch / *fyysiikaalish-texnish*") wird ein Bindestrich gesetzt.

5.) Substantive in Verbindung mit einer geografischen Bezeichnung werden zusammengeschrieben, wenn mit der geografischen Bezeichnung Personen gemeint sind und auf diesem Teil der Verbindung die Betonung liegt („Norwegerpullover / *norveegerpuloover*" „Russendisko / *rusendiskoo*"). Ein Bindestrich wird empfohlen, wo es dem Lesefluss zuträglich ist („Monegassen-Adel / *moonegasen-aadel*" statt „Monegassenadel").

6.) In Worten geschriebene Zahlen bis neunzehn / *nointseen* und auf –ig werden zusammengeschrieben. Sonstige zweistellige (bzw. 2-stellige) Zahlen bis neun-und-neunzig / *noin-und-nointsig* werden mit Bindestrich geschrieben.

7 Silbentrennung

Die jüngste Rechtschreibreform ist auch in dieser Hinsicht halbherzig vorgegangen. Wenn der Platz am Zeilenende nicht mehr für das komplette Wort
reicht, muss man diverse Regeln und Ausnahmen kennen.

Man darf heute „st" trennen, wenn die Silbenstruktur dies erfordert bzw.
ermöglicht (z. B. *be-fes-ti-gen*, aber *Do-mi-no-stein*). Dagegen darf man „ck"
nicht trennen (*De-cke*), während dies früher über eine Ausnahmeregel umgangen wurde (*Dek-ke*). Erlaubt ist die Trennung eines einzelnen Vokals, wenn
die Silbe wirklich nur aus diesem besteht (*Ge-o-lo-gie*), aber nicht am Wortanfang oder -ende (also werden die letzten beiden Silben von *Fa-mi-li-e* zusammengefasst zu *Fa-mi-lie*, und die drei Silben der *O-bo-e* sind überhaupt nicht
trennbar).

Sehr positiv finde ich, dass in einigen Fällen mehrere Varianten erlaubt sind,
wenn sich darüber streiten lässt, ob die langsame Aussprache oder die Herkunft des Wortes entscheidend für die Zuordnung der Buchstaben zu den Silben ist. Beispiele hierfür sind *Pä-da-go-ge / Päd-a-go-ge*, *Res-pekt / Re-spekt*
oder *wa-rum / war-um*.

Da man nicht von jedem Schreibenden erwarten kann, die sprachgeschichtli-
che Herkunft jedes Wortes zu kennen, kann eine sinnvolle Lösung nur in der
strikten Orientierung an den gesprochenen Silben sein. Dabei sollte es unerheblich sein, ob es sich um ein deutsches, eingedeutschtes oder fremdsprachliches Wort handelt, aus wie vielen Buchstaben eine Silbe besteht und wo sie
innerhalb des Wortes zu finden ist.

Da wir in D2050 ein paar Hürden, die uns heute bei diesem Thema im Weg
stehen, bereits beseitigt haben, entfallen die Fragen nach der Trennbarkeit von
„ck" und „ß/ss". Dort, wo nach D2050 ein einzelner Konsonant einen heutigen
Doppelkonsonanten ersetzt, können wir uns künftig ebenfalls am Silbenprinzip
orientieren. Natürlich ist es zunächst ungewohnt, *zo-mer* zu schreiben, aber
wenn wir genau darauf achten, stellen wir fest, dass wir auch mit der heutigen
Schreibweise „Som-mer" eigentlich nur einen einzigen Konsonanten hören,
außer wenn wir diesen bewusst in die Länge ziehen. Auch bei *yy-ber-fa-len*
(überfallen) und *o-fii-tsiir* (Offizier) stellen wir fest, dass die aus der heutigen
Doppelschreibung verbliebenen Einzelkonsonanten den Beginn der hinteren
Silbe darstellen. Dies klappt natürlich nur, wenn auch so gesprochen wird. Im
Fall von *fol-tsait* (Vollzeit) oder *fol-auf* (vollauf) entfällt zwar auch jeweils ein

L, aber das verbleibende L gehört zur vorderen Silbe, egal ob die hintere mit einem Vokal oder Konsonant beginnt.

Mit die-sem Satz sol-len ei-ni-ge wei-te-re Bei-spie-le die heu-ti-ge und die nach D2050 über-ar-bei-te-te Tren-nung ge-gen-über-stel-len.
Nach D2050 würden wir diesen Satz wie folgt zerlegen:
Mit dii-zem zats zo-len ai-nii-ge vai-te-re bai-shpii-le dii hoi-tii-ge und dii nax D2050 yy-ber-aar-bai-te-te tre-nung gee-gen-yy-ber-shte-len.

Missverständnisse oder Störungen im Lesefluss sollten natürlich vermieden werden, auch wenn die Trennung als solche in den folgenden Beispielen nicht falsch wäre:
- Analphabet / *analfaabeet* => nicht nach dem L trennen
- beinhalten / *beinhalten* => nicht nach dem N trennen

8 Zeichensetzung

Wenn wir über Möglichkeiten nachdenken, wie wir künftig mit der Zeichen-setzung umgehen, brauchen wir uns über die meisten Sonderzeichen keine Gedanken zu machen. Zwar stoßen wir beim Lesen und Schreiben eines Tex-tes gelegentlich z. B. auf mathematische Zeichen, Grad, Tilde, At, Noten-schrift, Währungs-Symbole oder sonstige, aber diese sind für sich gesehen unabhängig von den Rechtschreibregeln. Sofern wir sie benötigen, benutzen wir sie in unveränderter Form.

In diesem Kapitel geht es folglich nur um eine Teilmenge aller Sonderzei-chen, die so genannten Satzzeichen. Dazu gehören:
- Punkt / *punkt*
- Komma / *koma*
- Doppelpunkt / *dopelpunkt*
- Anführungszeichen / *anfyyrungstsaixen*
- Fragezeichen / *fraagetsaixen*
- Ausrufezeichen / *ausruufetsaixen*
- Gedankenstrich / *gedankenstrix*
- Binde- oder Trennstrich / *binde- ooder trenstrix*
- Semikolon / *seemiikoolon*
- Auslassungszeichen (Apostroph) / *auslasungstsaixen (aapostrof)*

- Auslassungspunkte / *auslasungspunkte*
- Schrägstrich / *shräägstrix*
- Klammern / *klamern*

Im Bereich der Satzzeichen gibt es zwar viele Regeln, aber erheblich weniger Änderungsbedarf als bei der Orthografie. Dennoch beleuchten wir jedes genannte Zeichen und legen seine Verwendung nach Maßstäben der Logik und Einfachheit fest.

8.1 Punkt .

Spontan fällt hier vermutlich den meisten von Ihnen ein: Der Punkt steht am Satzende. Dabei endet längst nicht jeder Satz endet mit einem Punkt, aber die meisten. Ausnahmen finden sich bei bestimmten Satzkonstruktionen, welche mit Doppelpunkt, Fragezeichen, Ausrufezeichen oder Auslassungspunkten enden. Aber das Satzende ist grundsätzlich die wichtigste Verwendung für den Punkt.

Der Punkt kennzeichnet das Ende eines „neutralen" Aussagesatzes. Dies gilt auch, wenn der Satz aus mehreren Teilen besteht (Hauptsätze, Nebensätze, Einschübe). Als „neutral" gilt ein Satz, wenn er auch gedanklich ein klares Ende aufweist, wenn es sich weder um eine Frage handelt noch der Satz mit besonderem Nachdruck formuliert ist (Ausruf).

Daneben finden wir den Punkt bei Abkürzungen („usw.") und zur Darstellung von Ordnungszahlen („7. Sinn"; alternativ „7-ter Sinn"). Zu beiden Themen verweise ich auf die bereits hinter uns liegenden Kapitel.

FAZIT: Änderungsbedarf für D2050 sehe ich nicht.

8.2 Komma ,

Kein anderes Satzzeichen kommt auf so vielfältige Weise zum Einsatz wie das Komma. Daraus folgt, dass auch kein anderes Satzzeichen so viel Verwirrung nach sich zieht und so häufig falsch verwendet wird (indem es gesetzt wird, wo es nicht stehen darf, oder indem es fehlt, wo es hingehört).

Damit wir uns den Möglichkeiten zur Vereinfachung widmen können, müssen wir uns einen Überblick über die heutigen Regeln verschaffen. Der Duden definiert gleich 33 Regeln, die direkt mit dem Komma im Zusammenhang stehen. Zu viele, um alle im Detail zu besprechen. Deshalb beschränke ich mich auf die Erwähnung der Konstellationen, in denen heute ein Komma gesetzt werden muss. Dies sind folgende (jeweils mit Beispiel):

1. Ein Hauptsatz und ein von ihm abhängiger Nebensatz werden durch Komma getrennt. Dies gilt unabhängig davon, ob der Nebensatz vor oder nach dem Hauptsatz steht oder in diesen eingebettet ist. Auch mehrere Hauptsätze oder mehrere Nebensätze in Satzreihen müssen durch Komma getrennt werden (ggf. auch durch Semikolon, Doppelpunkt oder Gedankenstrich, siehe Ausführungen zu den genannten Zeichen). Falls sie durch „und" oder „oder" verbunden sind, ist dies optional.
   - Einen Nebensatz (unterstrichen) erkennt man daran, <u>dass das Verb am Ende steht.</u>
   - <u>Weil „als" eine Konjunktion der Zeit ist</u>, nennt man Nebensätze, <u>die mit „als" beginnen</u>, „Temporalsätze".
   - Das vorige Beispiel enthielt einen Relativsatz und einen Kausalsatz, <u>obwohl es inhaltlich um einen Temporalsatz ging.</u>
   - Dies ist ein Hauptsatz, dies ist ebenfalls ein Hauptsatz.
   - Dies ist ein Hauptsatz(,) und dies ist auch ein Hauptsatz.
   - Ich darf zwischen zwei zusammenhängenden Hauptsätzen ein Komma setzen(,) oder ich darf an dieser Stelle auf das Komma verzichten.
   - <u>Obwohl die Rechtschreibung vereinfacht werden soll</u>, <u>obwohl vieles keinen Sinn ergibt</u>, bleiben die Kommas auch zwischen diesen gleichrangigen Nebensätzen bestehen.
   - Ein Komma muss natürlich auch gesetzt werden, <u>wenn mehrere Nebensätze vorkommen, deren Hierarchie man daran erkennt, dass einer sich auf den vorigen bezieht.</u> („Nebensätze verschiedenen Grades")

2. Die Glieder einer Aufzählung werden durch Kommas getrennt, wenn ihnen keine der folgenden Konjunktionen voransteht: und, oder, beziehungsweise, respektive, entweder/oder, nicht/noch, sowie, sowohl/als (auch), sowohl/wie (auch), weder/noch, wie. Bei anderen Konjunktionen wird ein Komma gesetzt.
   - Deutsch sprechende Minderheiten gibt es z. B. im Elsass, in Kasachstan, Paraguay oder Südtirol. *(kein Komma vor „oder")*
   - Bei der Rückkehr waren wir durstig, erschöpft und verschwitzt, aber glücklich. *(Komma vor „aber", kein Komma vor „und")*

3. Nachgestellte und eingeschobene Zusätze:
- Nachgestellte Beisätze, so genannte Appositionen (hier unterstrichen dargestellt), werden durch Kommas getrennt bzw. von ihnen eingeschlossen.
- Das weiß auch Karl, der große Bruder von Georg.
- Allerdings gilt diese Regel nicht bei Zusätzen, die Bestandteile eines Namens sind, z. B. Karl der Große oder Johannes der Täufer.
- Auch nachgestellte Erläuterungen werden getrennt, nämlich durch Kommas.
- In der gesprochenen Form dieses Satzes hört man das Komma förmlich, und zwar wegen der kleinen Pause.
- Das Adjektiv oder Partizip, nachgestellt, bildet eher die Ausnahme, die die Absetzung durch Kommas erfordert. Der Normalfall ist das dem Substantiv vorausgehende Adjektiv oder Partizip. Dichter haben allerdings Freiheiten, z. B.: „...aus einer Wurzel zart" – hier muss im Vers kein Komma stehen.
- Eingeschobene selbstständige Teilsätze, das sollte man wissen, sind ebenfalls durch Komma zu trennen.

4. Bei zeitlichen Angaben (Wochentag, Datum, Uhrzeit) sind die Regeln relativ flexibel, sowohl hinsichtlich bestimmter Präpositionen als auch der Kommasetzung. Pflicht ist das Komma nur zwischen Wochentag und Datum sowie vor der Uhrzeit, wenn die Präposition „um" fehlt. – Bei Adressen muss das Komma zwischen Ort und Straße stehen, wenn „in", „in der", „im" o. ä. fehlt. – Bei literarischen Quellenangaben wird ein Komma zwischen die Detailangaben gesetzt (außer bei Paragrafen). Hier jeweils ein Beispiel mit und ohne Komma:
- Es begann am Mittwoch, (dem) 18. April, 4 Uhr.
- ... zuletzt gesehen Samstag, (den) 22.September gegen 6 Uhr.
- ...befindet sich in München, Stadtteil Laim, Laimer Platz ...
- ...wohnt in Wien in der Taborstraße.
- ...inspiriert durch „Asterix", Band 23, Seite 46...
- ...garantiert durch Grundgesetz Artikel 5 Abs. 1 Satz 3...

5. Vor einem erweiterten Infinitiv mit „zu" musste bis 1996 generell ein Komma gesetzt werden. Danach gab es mehrere Änderungen, bis sich schließlich in den meisten Fällen der Verzicht auf das Komma durchsetzen konnte. Dieses ist jedoch nach wie vor zulässig und wird auch empfohlen, um die Gliederung des Satzes hervorzuheben, vor allem bei größeren Abständen zwischen dem Beginn der so genannten Infinitivgruppe und dem Infinitiv selbst:

- Ich versuche(,) durch Beispiele und Erläuterungen die Regeln der Kommasetzung verständlich zu machen.

Dies gilt aber leider nicht bei Infinitivgruppen, die von einem Hilfsverb wie „haben" oder „sein" oder von „brauchen", „pflegen" oder „scheinen" abhängen:

- Für die Zeichensetzung *sind* eindeutige Regeln festzulegen und zu etablieren.
- Es *scheint* für fast jede Regel eine Ausnahme zu existieren.
- Man *braucht* sich aber nur einen Teil davon zu merken.
- Ich *pflege* hier den Tipp zu geben: „Man muss nur wissen, wo es steht."

Ein Komma beim erweiterten Infinitiv ist Pflicht, wenn er von „als", „(an)statt", „außer", „ohne" oder „um" eingeleitet wird:

- Ich mache nicht weiter, *ohne* zwei Beispiele hierfür zu nennen.
- Das ist besser, *als* Missverständnisse zu riskieren.

Das Komma ist ferner zu setzen, wenn der erweiterte Infinitiv von einem Substantiv abhängt:

- Mein Vorschlag, die Rechtschreibung zu reformieren, ist... *(„Rechtschreibung" ist hier das abhängige Substantiv, welches aber einen Teil der Infinitivgruppe darstellt.)*

Wenn die Infinitivgruppe (gilt auch für Partizipgruppen) *besonders angekündigt* oder wieder aufgenommen werden, muss ebenfalls ein Komma gesetzt werden:

- Die Rechtschreibung zu vereinfachen, *das* ist das Ziel von D2050. *(aber: Die Rechtschreibung zu vereinfachen ist das Ziel.)*
- Wir erleichtern es uns *damit*, das gesprochene und das geschriebene Wort logisch zu harmonisieren.
- Dies im Fokus bewahrend, *so* lernen wir leichter.

6. Am Anfang einiger Nebensätze stehen gleich mehrere Konjunktionen, woraus man ableiten könnte, dass darauf mehrere Satzteile folgen. Dies trifft aber nicht zu; man spricht von einer „mehrteiligen Fügung". Zwischen den Teilen dieser Fügung wird normalerweise kein Komma gesetzt. Allerdings gibt es Ausnahmen, bei denen ein Komma zulässig ist.

- Es werden also weitere Ausnahmen definiert, anstatt dass man die Regeln optimiert.
- Es dröhnt, wie wenn jemand mit einem Presslufthammer arbeitet. *(Aber: „Es dröhnt wie ein Presslufthammer.")*
- Je nachdem(,) ob man eine Sprechpause wahrnehmen kann, ist die Kommasetzung in manchen Fällen erlaubt.

7. Ein Komma wird gesetzt, wenn ein Satzteil oder eine Anrede besonders hervorgehoben werden soll. Dies geschieht oft durch Verwendung einzelner einleitender Wörter in Verbindung mit einer kurzen Sprechpause.
- Ach, das soll ich mir alles merken?
- Aber bitte, beruhigen Sie sich doch. *(ohne Hervorhebung: Bitte beruhigen Sie sich.)*
- Das ist, zum Glück, nicht so wichtig. *(weniger deutlich: Das ist zum Glück nicht so wichtig.)*
- Meine Damen und Herren, heute erleben Sie...
- ...speziell für Sie, gnädige Frau, haben wir reserviert...
- Wir danken Ihnen, liebe Kunden, für Ihre Treue...
- Sehr geehrte Frau Müller, *(Absatz)* mit Bezug auf Ihren Brief...

Beim Thema Komma sind die aktuellen Rechtschreibregeln bereits ziemlich sinnvoll. Die meisten Regeln, die in den sieben vorstehenden Blöcken behandelt wurden, haben eines gemeinsam: Ein Komma kann man „hören". Das bedeutet, dass ein Komma vor allem dann gesetzt wird, wenn beim Sprechen zumindest eine sehr kurze, aber wahrnehmbare Pause eintritt. Dies wird in der Regel durch die Betonung des Satzes unterstützt. Abstriche bei der Sinnhaftigkeit sehe ich nur im Block 4 bei Datums- und Literaturangaben sowie im Block 5 bei Teilen des erweiterten Infinitivs.

FAZIT: Die Abhängigkeit vom Sprachfluss ist sinnvoll und wird deshalb als Leitlinie festgelegt. Somit können die meisten Regeln auch für D2050 unverändert gelten.

Bei mehrteiligen Datums-, Orts- oder Quellenangaben ohne verbindende Präpositionen können wir allerdings auf das Komma verzichten, da hier oft alle Angaben als Block gesprochen werden.

Beim erweiterten Infinitiv werden Kommas in den meisten Fällen ebenfalls dann gesetzt, wenn normalerweise ein kleiner Bruch im Sprachfluss auftritt. Allerdings denke ich, dass dies oft nicht zu hören ist, wenn die Infinitivgruppe von „als", „(an)statt", „außer", „ohne" oder „um" eingeleitet wird. Darum kann in D2050 auch hier das Komma entfallen. Das sähe dann z. B. so aus:
- Wir schreiben den Satz ohne ein Komma zu setzen.
- Wir freuen uns über das Gute anstatt zu jammern.
Dennoch soll es auch in D2050 möglich sein, ein Komma zu setzen, wenn der Satz damit übersichtlicher wird und/oder eine Sprechpause vorkommt. Oder anders formuliert:

Dennoch soll es auch in D2050 möglich sein, ein Komma zur besseren Übersicht und/oder bei Sprechpausen zu setzen.

8.3 Doppelpunkt :

Auch der Doppelpunkt kann einen vollständigen Satz abschließen. Dies ist dann der Fall, wenn eine Aufzählung oder eine wörtlich wiedergegebene Äußerung folgt. Daneben ist ein Doppelpunkt denkbar, wenn sich ein Fazit oder ein Beispiel anschließt. In diesem Buch verwende ich Doppelpunkte häufig vor Beispielen; so auch hier:

- Folgende Staaten gehörten früher zu Jugoslawien: Slowenien, Serbien, Kroatien, ...
- Seine Hobbys sind: Segeln, Theaterbesuche, ...
- Und die Moral von der Geschicht': Deutsch ist leicht zu lernen nicht.
- Der amerikanische Präsident rief der Menge zu: „Ich bin ein Berliner!"
- Artikel 1 des Grundgesetzes lautet: „Die Würde des Menschen ist unantastbar..."

Außerdem wird der Doppelpunkt gern bei tabellarischer Darstellung verwendet, z. B. in Formularen.

- Name:
  Vorname:
  Geburtsdatum:

FAZIT: Änderungsbedarf für D2050 sehe ich nicht.

8.4 Anführungszeichen „"

Die Anführungszeichen stehen vor und nach der wörtlichen Rede sowie Zitaten. Außerdem werden bestimmte Werktitel (z. B. von Büchern, Musik- oder Theaterstücken) oder Begriffe von Anführungszeichen umschlossen.

Man verwendet Anführungszeichen auch für Hervorhebungen von Teilen eines Satzes, um zu kennzeichnen, dass an dieser Stelle keine Fakten, sondern subjektive Meinung oder sogar Ironie ausgedrückt wird. Wenn beispielsweise ein Konzert eines Superstars nicht ganz ausverkauft sein sollte, könnte man darüber berichten, dass „nur" 29.500 Zuschauer im Stadion waren, obwohl 30.000 hineingepasst und sich zahlreiche andere Künstler über so viel Publikumszuspruch gefreut hätten.

Es gibt auch halbe Anführungszeichen. Diese kommen zum Einsatz, wenn innerhalb eines durch „normale" Anführungszeichen dargestellten Textsegments eine weitere Textstelle die Anführungszeichen erforderlich macht. Zur Verdeutlich unterstellen wir einmal, dass ich den folgenden Satz in wörtlicher Rede spreche: „Ich hoffe, das die zuständigen ‚wichtigen' Damen und Herren sich ohne Vorurteile mit ‚D2050' beschäftigen."

An allen bisher genannten Verwendungen von normalen und halben Anführungszeichen gibt es meiner Meinung nach nichts zu kritisieren. Dennoch sehe ich in einem Punkt für D2050 Änderungsbedarf. Betrachten Sie bitte noch einmal den Beispielsatz am Ende des vorigen Absatzes. Der Punkt am Ende des Satzes steht noch innerhalb der wörtlichen Rede. Da aber der Text unmittelbar vor der wörtlichen Rede mit einem Doppelpunkt endet, stellt die wörtliche Rede logisch gesehen einen Satzteil innerhalb der syntaktischen Einheit mit ihrer Einleitung dar, sodass erst am Ende des gesamten Konstrukts, also *nach* den die wörtliche Rede abschließenden Anführungszeichen, ein Punkt stehen müsste. – Nach heutiger Rechtschreibregel darf der Punkt am Satzende innerhalb der wörtlichen Rede liegen, wenn die wörtliche Rede selbst ein Satzende beinhaltet, egal ob dieses durch Punkt, Fragezeichen oder Ausrufezeichen markiert ist. Dagegen sind Frage- oder Ausrufezeichen nach dem Schluss-Anführungszeichen zulässig. Ein Beispiel:
- Wenn Sie etwas nicht verstehen, fragen Sie dann „Was?" oder „Wie bitte?"?
An diesem Satzende steht ein Fragezeichen innerhalb und ein weiteres nach der wörtlichen Rede.

FAZIT: Auch bei den Satzzeichen streben wir in D2050 einfache und einheitliche Regeln an. Deshalb gilt: Ein Satz bleibt ein Satz und ist wie ein solcher zu behandeln, auch wenn er zitiert wird. Enthält die wörtliche Rede einen Satz, einen Ausruf oder eine Frage, so werden für die jeweilige Satzeigenschaft die gleichen Zeichen wie bei neutralem Text verwendet. Ist die wörtliche Rede oder das Zitat Teil eines übergeordneten Satzes, ist Letzterer gemäß seiner Eigenschaft mit dem entsprechenden Zeichen zu beenden. Wird die wörtliche Rede oder das Zitat dagegen nicht durch einen Satz eingeleitet, kann dies entfallen (siehe Beispiel am Ende des nächsten Absatzes).

Anführungszeichen stehen auch vor und nach Unterbrechungen von Zitaten oder wörtlicher Rede. Diese Unterbrechungen werden in D2050 unverändert durch Kommas oder Gedankenstriche dargestellt. Beispiel: „Eine Schwalbe", so sagt das Sprichwort, „macht noch keinen Sommer."

8.5 Fragezeichen ?

An der Verwendung des Fragezeichens gibt es nichts zu verbessern. Eine direkte Frage ist schon am Satzanfang als solche zu erkennen, da sie grundsätzlich mit einem Verb (bei Entscheidungsfragen) oder einem „W-Fragewort", auch Interrogativpronomen bzw. Interrogativadverb genannt, (bei Ergänzungsfragen) beginnt. Darum hat ein Fragezeichen am Satzanfang, wie es etwa in der spanischen Sprache üblich ist, keinen Sinn. Ein Fragezeichen steht stattdessen am Ende des Fragesatzes, unmittelbar nach dem letzten Buchstaben.

Indirekte Fragen sind hier nicht relevant, weil sie im grammatischen Sinn nicht als Frage gelten, sondern im Nebensatz einer Aussage formuliert werden. Zum Beispiel: „Wir diskutieren darüber, ob nach indirekten Fragen ein Fragezeichen gesetzt werden muss."

FAZIT: Es gibt keinen Änderungsbedarf.

8.6 Ausrufezeichen !

Auch die Regeln zur Verwendung des Ausrufezeichens bedürfen keiner Änderung.

Das Ausrufezeichen wird verwendet, wenn dem Text ein besonderer Nachdruck verliehen wird. Dies trifft gelegentlich beim Imperativ zu: „Sei still!", „Nimm dir ein Beispiel an deiner Mutter!", „Bitte setzen Sie sich!", „Halten Sie die Türen frei!". Aber Vorsicht: Längst nicht jeder grammatische Imperativ ist ein Befehl. Bei einer Bitte *kann* er, bei einer erklärenden Anweisung *sollte* der Imperativ-Satz mit einem Punkt enden: „Bitte gib mir mal einen Lappen.", „Lesen Sie auch das Kleingedruckte. Bestätigen Sie anschließend mit OK." – Besonders häufig finden wir das Ausrufezeichen bei der Anrede: „Liebe Gäste!", „Sehr geehrte Damen und Herren!", „Guten Tag!", „Servus, Anna!". Und natürlich steht das Ausrufezeichen (wie der Name schon sagt) bei kurzen Ausrufen, welche auch ohne vollständigen Satz möglich sind: „Zum Wohl!", „Das darf doch nicht wahr sein!", „So ein Mist!". Wenn diese Ausrufe hinsichtlich des Satzbaus eine Frage darstellen, können auch Frage- und Ausrufezeichen nacheinander stehen: „Was soll denn das?!", „Hat man Worte dafür?!"

Eine stilistische Besonderheit liegt vor, wenn ein Teil eines normalen Textes besonders betont werden soll. In diesem Fall wird das Ausrufezeichen in Klammern gesetzt: „Bis zur Fertigstellung waren zwei Jahre (!) vergangen."

FAZIT: Es gibt keinen Änderungsbedarf.

8.7 Gedankenstrich –

Auf vielen Tastaturen teilt sich der Gedankenstrich eine Taste mit dem mathematischen Minuszeichen. Auch in der verkürzten Form einer Angabe „von... bis..." wird er als so genannter „Bis-Strich" verwendet. Die genaue Bezeichnung lautet übrigens „Halbgeviertstrich", was auf seine exakten Maße aus der Zeit des Drucks mit Bleisätzen zurückzuführen ist.

Der Gedankenstrich steht niemals direkt vor oder hinter einem Wort, sondern ist immer durch ein Leerzeichen von den ihn umgebenden Wörtern getrennt. Man findet ihn häufig vor und nach Unterbrechungen im eigentlichen Text oder Sprachfluss, wenn ein Nebengedanke oder eine Erläuterung an der betreffenden Stelle eingefügt werden soll und das Komma hierfür als zu schwach empfunden wird. Der Einschub kann auch eine Frage oder ein mit einem Ausrufezeichen endender Satz oder Satzteil sein. Meistens sind statt der Gedankenstriche auch Klammern möglich. Beispiele:
- Nach langer Diskussion wurde endlich – Schüler, Lehrer und Journalisten werden sich freuen! – die Einführung von D2050 beschlossen.
- Früh am nächsten Tag – selbst die Vögel waren noch nicht zu hören – ging sie fort.
- Er hatte verschlafen – hatte er den Wecker nicht gestellt? – und kam zu spät.

Es muss nicht immer ein eingeschobener Gedanke sein. Der Gedankenstrich kann auch als Stilmittel verwendet werden, um eine deutliche Unterbrechung im Sprachfluss darzustellen oder das nach ihm Stehende besonders zu betonen.

In diesem Fall könnte der Gedankenstrich auch durch einen Doppelpunkt ersetzt werden.

- Und der Hauptgewinn geht nach – Wien!
- Wie dem auch sei – es hat niemandem geschadet.

Gedankenstriche können auch innerhalb eines Absatzes verwendet werden, um einen Gedankensprung oder Themenwechsel darzustellen (siehe z. B. im vorigen Abschnitt „Ausrufezeichen").

FAZIT: Es gibt keinen Änderungsbedarf.

8.8 Binde- oder Trennstrich -

Schon die Überschrift verrät die Vielseitigkeit dieses kleinen Zeichens. Es kann Wörter, Wort-Teile oder Namen verbinden (Beispiele: lustig-bunt, Erste-Klasse-Abteil, Höfl-Riesch, Hans-Dietrich, Garmisch-Partenkirechen), aber auch trennen, und das nicht nur beim Zeilenumbruch (siehe hierzu Kapitel 7 zum Thema Silbentrennung). Getrennt (bzw. entfernt und durch den Trennstrich ersetzt) werden nämlich auch Wort-Teile, wenn sie in aufeinander folgenden Wörtern wiederholt vorkommen. Beispielsweise umfasst der Ausdruck „Hin- und Rückfahrt bzw. -flug" die vier einzelnen Begriffe Hinfahrt, Rückfahrt, Hinflug und Rückflug. In diesem Fall wird er auch als Ergänzungsstrich bezeichnet.

Der Bindestrich ist kürzer als der Gedankenstrich. Wenn man es genau nimmt, müsste er exakt halb so lang sein. Dies belegt auch seine wissenschaftliche Bezeichnung „Viertelgeviertstrich" (vgl. Gedankenstrich: „Halbgeviertstrich"). Im Gegensatz zum Gedankenstrich darf zwischen dem Binde- bzw. Trennstrich und dem vor oder nach ihm stehenden Text kein Leerzeichen gesetzt werden!

In D2050 kommt dem Bindestrich eine weit größere Bedeutung als bisher zu. Er fungiert in diesem Regelwerk als Bindestrich, indem er als einzelne Wörter verbindet, obwohl dies nach heutiger Rechtschreibung manchmal eben keine Verbindung, sondern eine Trennung darstellt. Ziel ist dabei eine bessere Lesbarkeit von Wörtern, die heute zusammengeschrieben werden (dürfen) und dadurch lang oder unübersichtlich sind. Ich verweise hierzu auf die Absätze im Kapitel 6 zur Getrennt- und Zusammenschreibung. Vom Duden wird die Unterteilung langer Wörter durch Bindestriche bereits teilweise empfohlen, aber leider nur für Substantive.

Mit Bindestrich werden auch Kombinationen mit Abkürzungen, einzelnen Buchstaben oder Ziffern dargestellt. Beispiele:
- DVD-Laufwerk, EU-Norm, Not-OP
- Super-G (Disziplin im Wintersport), D-Dur (Tonart der Musik)
- 0,5-Liter-Flasche, 32-fach

Näheres wurde bereits in den Abschnitten „Abkürzungen" bzw. „Zahlen" behandelt.

FAZIT: Der Änderungsbedarf bezieht sich weniger auf die Verwendung als Satzzeichen, sondern mehr auf die Bedeutung im Zusammenhang mit Getrennt- oder Zusammenschreibung. Ich verweise deshalb auf die Zusammenfassung am Ende des Kapitels 6.

8.9 Semikolon ;

Das Kolon ist nichts anderes als der Doppelpunkt. „Semi" heißt „halb", und so ist das Semikolon wörtlich übersetzt ein „halber Doppelpunkt". Grammatisch passt diese Deutung aber nicht. Besser orientiert man sich an seiner Darstellung: Das Semikolon ist eine Kombination aus (hochgestelltem) Punkt und Komma. Genau da liegt die Funktion: „nicht ganz Komma, nicht ganz Punkt, sondern irgendwo dazwischen". Ein Semikolon wird verwendet, wenn mehrere gleichrangige Elemente (Sätze oder Wortgruppen) verbunden werden sollen, wobei ein Punkt nach Auffassung des Schreibers eine zu starke und ein Komma eine zu schwache Trennung bewirken würde. Allerdings gibt es für die Entscheidung darüber, welches Satzzeichen am besten geeignet ist, keine einheitliche Definition. – „In diesem Satz kann an der Stelle des Semikolons auch ein Komma, ein Punkt oder ein Doppelpunkt stehen; dies liegt im Ermessen des Autors."

Und noch ein Beispiel für Aufzählungen mit Semikolon: „Es gab jede Menge zu erleben: Zauberer und Gaukler; Kunsthandwerk und Gastronomie; Wettkämpfe und Tänze." Hier könnten die Semikolons auch durch Kommas ersetzt werden.

Zumindest wird ein Semikolon – wenn überhaupt – immer dort benutzt, wo es in diesem Sinne hingehört. Eine Zweckentfremdung wie bei Komma oder

Apostroph ist so gut wie überhaupt nicht festzustellen. Deshalb werden wir für D2050 das Semikolon nicht einschränken; ich mahne aber zum vorsichtigen Gebrauch desselben und empfehle, im Zweifelsfall zugunsten eines anderen passenden Satzzeichens auf das Semikolon zu verzichten.

8.10 Apostroph '

Der Apostroph wird auch Auslassungszeichen genannt. Mit diesem Begriff wird auf seine hauptsächliche, aber nicht einzige Verwendung hingewiesen. In der Tat ist der Apostroph wohl neben dem Komma das Satzzeichen, bei dem die größten Unsicherheiten bestehen und das am häufigsten falsch verwendet wird. Darum gibt es bei ihm auch einiges zu vereinfachen.

Als Auslassungszeichen hat der Apostroph seinen Sinn, wenn einzelne oder mehrere Buchstaben entfallen. Dies erleben wir vor allem in der Umgangssprache, in der Poesie sowie bei Namen oder Bezeichnungen:
- „So 'n Mistwetter!" (statt „so ein...")
- „Wir haben's so gewollt." (statt „...haben es...")
- „Schau'n S', gnä' Frau..." (statt „Schauen Sie, gnädige Frau...")
- „die gold'ne Sonn'..." (statt „die goldene Sonne...")
- „K'lautern" (statt „Kaiserslautern")
- „Ku'damm" (statt „Kurfürstendamm")

Allerdings ist es manchmal schwer festzulegen, ob wirklich etwas zu Schreibendes ausgelassen wurde oder ob lediglich die kürzere von mehreren Möglichkeiten gewählt wurde. Oft sind nämlich mehrere Varianten zulässig, vor allem bei Adjektiven und Adverbien (z. B. gern/gerne, allein/alleine, heut/heute) oder bei manchen männlichen oder sächlichen Substantiven im Dativ, wo es vor wenigen Jahrzehnten noch üblich war, ein E anzuhängen (z. B. „im Kreis/-e der Familie", „am Brunnen vor dem Tor/-e"). Auch in der Dichtung oder in feste Redewendungen gibt es zahlreiche Fälle, bei denen sich niemand mehr wundert, wenn kein Apostroph auf ausgelassene Buchstaben hinweist, z. B. „Gut Ding will Weile haben", „einig Vaterland".

In manchen Fällen ist das Auslassen seit langer Zeit sogar nicht nur mündlich, sondern auch schriftlich zum Standard geworden, und es liest sich befremdlich, wenn ein Apostroph oder die ursprüngliche, ausgeschriebene Form geschrieben steht. Vor allem bei Verbindungen von Präposition und Artikel ist dies häufig der Fall:

- „Wir gehen ins Kino." Man würde nur „in das Kino" schreiben, wenn (im Sinne von „dieses") ein bestimmtes Kino gemeint ist. Mit Apostroph zu schreiben („in's Kino") ist unüblich, aber zumindest noch erlaubt.
- Der Moderator spricht zunächst zum (nicht „zu dem") Gast, schaut zur (nicht „zu der") Uhr und wendet sich danach ans (nicht „an das") Publikum.

Das gleiche Prinzip gilt bei vielen anderen Präpositionen, z. B. vorm/vors, hinterm/hinters, übern/übers, untern/unters, durchs, beim.

Auch für Adverbien der Richtung und mit ihnen eingegangene Verb-Zusammensetzungen wird oft die verkürzte Form gewählt und in diesem Fall üblicherweise ohne Apostroph geschrieben (herübergehen/rübergehen, herunterladen/runterladen, hereinkommen/reinkommen, herausputzen/rausputzen, „runter vom Sofa!", „ran an den Speck!").

Der Apostroph wird außerdem in mehrerlei Hinsicht im Genitiv bei Namen verwendet. Wenn der Name auf –s, –x oder –z endet, entfällt das zusätzliche Genitiv-S und wird durch einen Apostroph ersetzt: „Frau Ahrens' Tochter", „Max' Geburtstag", „Chemnitz' Bürgermeister". Würde man den (im gesprochenen Wort nicht hörbaren) Apostroph in diesen Fällen beim Schreiben weglassen, wäre der Sinn allerdings aus dem Zusammenhang genauso klar ersichtlich. – Außerdem werden veraltete Endungen mit Apostroph angehängt, z. B. „Ohm'sches Gesetz", „FKK'ler". In allen hier genannten Fällen ist die angegebene Schreibweise gebräuchlich. Dennoch besteht die Möglichkeit, eine stilistisch neutrale und sicherere Form zu wählen: „die Tochter von Frau Ahrens", „Ohmsches Gesetz", „FKK-Anhänger", „Der Chemnitzer Bürgermeister" oder „Der Bürgermeister von Chemnitz".

Im deutschsprachigen Raum hat sich ein Trend dahin entwickelt, den Genitiv immer häufiger mit einem Apostroph vor dem S darzustellen. Bei Eigennamen wird dies vom Duden noch geduldet, wenn auch nicht befürwortet. Jedoch darf es zur besonderen Verdeutlichung der Namensgrundform eingesetzt werden, was vor allem bei Firmen der Fall ist: „Mandy's Haarstudio", „Meier's Abschleppdienst", „Erwin's Kneipe", aber auch bei der überregional bekannten Biermarke „Beck's".

Man liest aber immer häufiger auch normale Wörter, bei denen das Genitiv-S durch einen Apostroph vom Wortstamm getrennt wurde. Das ist zum Glück nicht „Jedermann's Sache" (aua!), aber offenbar eine Krankheit des „Zeitgeist's" (mit Betonung auf „Krankheit"). Möglicherweise haben viele Menschen unbewusst die Regel der englischen Sprache verinnerlicht, bei der zwischen dem Substantiv und dem Genitiv-S immer ein Apostroph steht. Dies ist aber in der deutschen Sprache falsch. Selbst bei Fremdwörtern oder Abkürzungen wird bei der Bildung des Genitivs kein Apostroph benötigt. Es gibt keine „Gültigkeit eines Ticket's", kein „Quorum eines Referendum's", keine „Mütze des Chauffeur's", keinen „Wendekreis des Pkw's" und auch keine „Spitzel des BND's". In allen Fällen ist der Apostroph schlichtweg falsch. Bei Abkürzungen kann das Genitiv-S sogar ganz entfallen, denn wenn der Genitiv des abgekürzten Begriffs in der ausgeschriebenen Form nicht mit –s gebildet wird, wird die Abkürzung ja auch nicht dekliniert, z. B. heißt es bei „des Vorstandsvorsitzenden" weder „des VV's" noch „des VV'n", sondern einfach „des VV". Also: besser gar kein Apostroph beim Genitiv-S, im Namen (Vorsicht, Satire!) „des Vater's..." AMEN!

Noch schlimmer wird es, wenn Substantive, deren Plural mit S gebildet wird, in diesem Zusammenhang einen Apostroph bekommen. Auch hier geht das Übel vermutlich von den Abkürzungen aus, denn immer wieder liest man beispielsweise von „CD's" oder „PC's" (für die überhaupt keine Erweiterung erforderlich ist). Aber ab und zu begegnet man auch „Menü's mit leckeren Dessert's" oder „Handy's mit leeren Akku's", nicht nur bei „den Müller's", sondern auch „woander's"...

Natürlich sind dank des deutschen „Innvoation's-Talent's" auch diesbezügliche Fehlleistungen im Zusammenhang mit anderen Buchstaben entdeckt worden, z. B. bei „Nudel'n" oder „Häus'chen". Ganze Internetseiten wie www.deppenapostroph.info oder www.apostrophen-alarm.de führen einen tapferen Kampf gegen den Apostrophen-Wahnsinn und zeugen vom apostrophischen Erfindungsreichtum. Die auf diesen Seiten präsentierten Fundstücke sind teilweise so haarsträubend, dass es schon wieder sehr lustig wird. Dennoch bleibt es falsch!

Mal geboten, mal (trotz Auslassung) verboten, mal erlaubt, aber als schlechterer Stil geltend – die Regeln beim Apostroph führen leicht zu Verwirrung. Es gibt nach meiner Ansicht nur einen einzigen Fall, wo eine Auslassung gekennzeichnet werden muss, und zwar bei Begriffen wie „D'dorf" oder „Ku'damm". Hier würde aber auch ein Bindestrich den gewünschten Effekt erzielen: Bei „M-gladbach", „W-thur" oder „Kl-furt" wüsste man ebenso gut oder schlecht, welche Stadt gemeint ist (womit auch klar ist, dass man möglichst den Namen ausschreiben sollte). – Bei Auslassung von Buchstaben in der Umgangssprache handelt es sich ohnehin schon nicht um das korrekte Schriftdeutsch. Darum ist es auch unerheblich, ob die Reaktionen auf dieses Buch „Was is'n das für 'n Deutsch?!" (mit Apostrophs) oder „Bei dir piept s wohl! Wohin soll n das führn?" (ohne Apostrophs) lauten.

FAZIT: Der Apostroph wird in D2050 komplett abgeschafft.

8.11 Auslassungspunkte ...

Es gibt mehrere Situationen, in denen Auslassungen vorkommen. Beispielsweise werden innerhalb einer wörtlichen Rede, bei der Unterbrechungen im Redefluss dargestellt werden sollen, Auslassungspunkte verwendet, wie bei Hans-Dietrich Genschers historischen Worten von Prag: „Wir sind zu Ihnen gekommen, ...um Ihnen mitzuteilen, ...dass heute... Ihre Ausreise...". Die letzten Auslassungszeichen in diesem Zitat stehen für die Auslassung des Schlusses dieses Satzes. Der Schluss wurde zwar gesprochen, war jedoch im Jubel der Menschen nicht mehr zu hören. Ferner können mit Hilfe der Auslassungszeichen Zitate sinnvoll gekürzt werden, wenn die eigentliche Botschaft dabei erhalten bleibt: „(...) dich zu lieben und zu ehren (...), bis dass der Tod uns scheidet." Und nicht zuletzt gibt es auch Fälle, in denen Wort-Teile durch Auslassungszeichen ersetzt werden, vor allem wenn es sich um „nicht salonfähige" Wörter handelt. Eine solche Darstellungsweise begegnet uns gelegentlich bei „Was soll die Sch...?" oder dem häufig verwendeten Fluch mit „F...!".

Die Auslassungspunkte sind auch als Stilmittel wichtig. Sie kennzeichnen nicht nur wirkliche Auslassungen von Wortteilen, Wörtern oder Satzteilen, sondern auch eine Situation, in der dem Geschriebenen weitere, ungeschriebene Gedanken angehängt werden (können). Beispiel: „Wenn ich nicht verheiratet wäre, würde ich gern mit Ihnen ausgehen..."

FAZIT: Es gibt keinen Änderungsbedarf.

8.12 Schrägstrich /

Dieses Zeichen verwenden wir heute vor allem bei der Angabe von Alternativen, die dem Adressaten des Textes entweder zur Auswahl stehen oder von

denen sich ein Teil aus der Person ergibt (Letzteres gilt bei neutral formulier-
ten, an mehrere oder unbekannte Personen adressierte Texte).

In einer Hotelbroschüre könnte beispielsweise stehen: „Wir bieten Ihnen
Einzelzimmer/Doppelzimmer/Suiten/Studios mit Dusche/Bad und WC, wahlweise Frühstück/Halbpension sowie die Benutzung von Sauna und/oder Hal-
lenbad. Unsere Mitarbeiter/-innen stehen Ihnen für weitere Wünsche...“ – Auf
einem Bankformular findet man dagegen manchmal folgende Formulierung:
„Hiermit bevollmächtige(n) ich/wir Herrn/Frau ... zur alleinigen/gemeinsamen
Verfügung über mein/unser Konto...“.

Weiterhin ist der Schrägstrich häufig bei der Angabe von kalendarischen
Zeiträumen anzutreffen: „Jahreswechsel 46/47“, „Wochenende 20./21. Juli“,
„Frühjahr/Sommer-Mode“, „Saison 2014/15“. Außerdem finden wir ihn bei
Ortsangaben oder zur Kennzeichnung eines Zusammenhangs mehrerer Namen:
„Minden/Westfalen“, „Frankfurt/Oder“, „Neustadt/Weinstraße“, „das Gebiet
Zürich/St. Gallen“, „ein Lennon/McCartney-Hit“, „die Kohl/Genscher-Ära“.

Sonderfälle, in denen der Schrägstrich verwendet wird, sind z. B. Aktenzei-
chen („Tz.04/01/52a“) oder stehen im Zusammenhang mit Einheiten („km/h“),
Verhältnisdarstellungen („10 Liter/Person“) oder mathematischen Begriffen
(„3/8“).

Den Schrägstrich gibt es auch als „Rückstrich“ („Backslash“). Dieser wird in
der deutschen Sprache normalerweise nur zur Angabe von Verzeichnispfaden
in Computersystemen verwendet.

FAZIT: In keinem Fall sehe ich eine Gefahr der Verwirrung oder sonstigen
Änderungsbedarf. Darum gibt es in D2050 bei der Verwendung des Schräg-
strichs nichts zu ändern.

8.13 Klammern ( )

Wie bei den Anführungszeichen gibt es sie nur im Doppelpack. Wenn darum
in diesem Abschnitt von „Klammer“ geschrieben wird, ist also immer die
Kombination aus „Klammer auf“ und „Klammer zu“ gemeint.

Es kann sinnvoll sein, von Klammern umschlossene Sätze oder Bemerkun-
gen in einen Text einzufügen, wenn der Inhalt der Klammern eine Erläuterung,

einen Verweis oder einen Nebengedanken darstellt. Diesen Nebengedanken nach dem Satz separat zu schreiben birgt die Gefahr, dass der Leser aus dem Zusammenhang gerissen wird. Innerhalb einer Klammer können auch mehrere Attribute oder mehrere Sätze zusammengefasst werden, wenn zwischen ihnen ein Zusammenhang besteht. Beispiele:

- Nach fünf Kilometern passieren Sie die ehemalige Grenze (ein verwitterter Grenzstein ist inzwischen vom Dickicht verschlungen; nur die Informationstafel zeugt noch von der früheren Bedeutung dieses Postens) und folgen ab sofort der rot-weißen Markierung. Der Weg führt leicht bergab...
- Ein großer Teil wurde bereits renoviert (Bad, Küche, gesamtes Dachgeschoss), bevor die Kinder geboren wurden.
- Gesucht werden junge Menschen (bis 30, abgeschlossenes Studium, fließendes Englisch), die unsere Idee unterstützen...
- ...bestehend aus Herrn Müller (1. Vorsitzender), Frau Meier (2. Vorsitzende), Herrn Schmidt (Schriftführer)...
- Haggis (darunter versteht man eine gewürzte Mischung von Innereien aus einem Schafsmagen) ist eine Spezialität der schottischen Küche.
- ...von Schweinfurt (Hbf) nach Bad Neustadt (Saale)...
- Details entnehmen Sie bitte der Anlage (Seite 4).
- Fehlende Angaben ergänzen (bitte in Druckbuchstaben!) und senden an...

In manchen Fällen können anstatt der Klammern auch Gedankenstriche oder Kommas gesetzt werden. Entscheidend ist, dass der Sinn erfasst und der Lesefluss erhalten wird.

Außerdem werden Klammern zur Darstellung von alternativen oder optionalen Text-Bestandteilen verwendet, z. B.:
- Ich (wir) erkläre(n) hiermit...
- Alle Mitarbeiter(innen) werden gebeten...

Es kann auch vorkommen, dass innerhalb einer Klammer eine Klammer erforderlich wird. In diesem Fall müssten eckige Klammern benutzt werden. Dies stellt aber eine Ausnahme dar und soll deshalb hier nicht weiter behandelt werden.

FAZIT: Änderungsbedarf für D2050 sehe ich nicht. Obwohl es relativ viele Möglichkeiten gibt, Textstellen in Klammern zu setzen, so ist doch jede davon für sich gesehen sinnvoll.

Beispiele für die praktische Anwendung von D2050

Dii alternaatiivlooze „ooder"-fraage

Zait ainigen jaaren, und mit tsuuneemender geshvindigkait erleeben viir im doitshshpraaxigen raum dii ferbraitung ainer shpraaxlixen zoixe.

Dii konjunktsjoon „ooder" hat aine aindoitige aufgaabe. Zii vaist daarauf hin, dass tsuu ainem zatstail mindestens ain vaiterer tail gehöört. Daabai shteeén dii durx „ooder" ferbundenen zeegmente ooder aintselnen vörter in ainem alternaativen kontekst. Zelbstfershtändlix... – vaitere ausfyyrungen hiirtsuu eryybriigen zix aigentlix.

Dennox hat diizes klaine vörtxen intsvishen mit erfolg und hinterlist ainen nixt geneemigten neebenjob gefunden. Dii folge daafon ist, das das guute alte fraagetsaixen shon begint, six um zaine eksistentsberextiigung in deer umgangs-shpraaxe zorgen tsuu maxen. Nox kan six das fraagetsaixen entshpant tsuurykleenen. Es hat zainen iimaagiinäären plats naax vii foor am ende ainer geshproxenen fraage, dii nixt mit „jaa" ooder „nain" beantvortet veerden kan, alzoo bai deen klasishen zoo genanten „ofenen fraagen" ooder „v-fraagen", dii diize betsaixnung traagen, vail dii fraagevörter mit v beginen. „Vii shpäät ist es?", „Voo ist Beele?", „Vaarum ist dii baanaane krum?". Niimand vyrde fraagen: „Voohin faaren viir in deen uurlaub ooder?" – tsuumindest nox nixt...

Im geegenzats daatsuu höört man foor alem bai deen zoo genannten „geshlosenen fraagen", dii grundzätslix mit „jaa" ooder „nain" beantvortet veerden könen, shtändig shpraaxfetsen vii diize: „Daarf ix diir ain shtyk kuuxen anbiiten ooder...?" , „Komst duu mit aine rauxen ooder...?", „Zol ix shoon maal deen vaagen foorfaaren ooder...?". Das vort „ooder" vird daabai in deer reegel in etvas tiiferer toonlaage geshproxen. Das allain viidershprixt shoon deer naatyyrlixen shpraaxmeloodii ainer fraage. Das letste vort ainer fraage shaft nixt zelten loker ain interval fon etvaa ainer kvinte yyber deem foorletsten vort. Tsuugegeebenermaasen seeén diize baishpiile in geshriibener vorm albern aus; zii zind aaber reealistishe austsyyge aus deer moodernen umgangsshpraaxe.

Tsuuzätslix ist bai diizer aart fon fraageshtelern geleegentlix aine vaitere fershlimerung deer zoixe tsuu beoobaxten. Zii platsiiren näämlix dii vorausssixtlixe antvort tsvishen deer aigentlixen fraage und deem „ooder". Das klingt dan tsum baishpiil zoo: „Velxe kraavate zol ix daatsuu umbinden? Dii blau-gryyne ooder...?", „Vas möxten zii trinken? Zekt puur ooder...?", „Vas glauben zii, bis van zii mit deem auftraag fertig zind? Hoite nox ooder...?" – Unter diizem aspekt kan zix das fraagetsaixen durxaus langzaam zorgen maxen; den vii zii merken, ist man kainesveegs foor deem „ooder" zixer, ven dii aigentlixe fraage ofen ist. Deer fraagende fersuuxt (bevust ooder unbevust) daamit antsuudoiten, das eer ain inteliigenter, fooraus denkender mensh ist, deer nixt ainfax aine fraage shtelt, zondern zix aux gedanken um dii mööglixe ooder vaarshainlixe antvort maxt. „Fyyr vii fiile perzoonen zol ix deen tish deken? Axt oder...?" – Aigentlix myste ix – daa diis kain höörbuux ist und ix es iinen nixt foorshprexen kan – diize baishpiile mit nootenliinien tsuu lezen geeben. Den an deer shpraaxmeloodii erkent man, das deer (unfolendete) tsvaite tail kaine antvortmeloodii besitst, bai deer das „ooder" dii funktsjoon fon „nixt vaar", „gel" ooder deem tyyringishen „no" beklaidet. Vääre diis deer fal, vyrde „ooder" in ainer hööeren toonlaage erklingen als dii letste zilbe dafoor. Ge-maint zind zegmente, dii aindoitig deen kaarakter ainer fraage haaben, vas daadurx erkenbaar ist, das dii meloodii baim „ooder" nax unten geet.

Veer muutig ist, myste deen fraageshteler aigentlix zoo lange auf dii antvort vaarten lasen, bis eer dii fraage beéndet hat. Den ain zats, deer auf „ooder" endet, kan per se nox nixt abgeshlosen zain. Es vääre tsvaar yyberflyysig, vyrde aaber hinsixtlix deer folshtändigkait shoon raixen, ven das vort „nixt" hintsuugefyygt vyrde. „Vilst duu aux ain shtyk kuuxen ooder nixt?" enthält baide mööglixen alternaatiiven, dii deer fraageshteler maint: Entveeder deer befraagte möxte gern ain shtyk haaben ooder eer fertsixtet daarauf. Vird daa-gegen das vort „nixt" veggelasen, väären shtreng loogish geseeén aux nox andere shlusfolgerungen mööglix. „Vilst duu aux ain shtyk kuuxen ooder liiber aine pizza?" vääre aine daafon. – Shon dii hööflixkait gebiitet es, deem ge-shprääxspaartner nixt ins vort tsuu falen und iin ausreeden tsuu lasen. Das proobleem ist, das deer fraagesteller fermuutlix nixt kaapiiert, vaarum kaine antvort komt, und diis eeér als nixt hööflix empfindet. Ain froindlixer hinvais auf dii nox feelende nenung deer alternaatiive vyrde fershtändnisloos yyber-gangen; deer aindruk, begrifsshtutsig ooder pingelig tsuu zain, vyrde baim geegenyyber entshteeén. Menshen, dii zoo fraagen, merken gaar nixt, vii shlext iir doitsh in diizer hinsixt ist!

Deer ainvand, das ain „ooder" am zats-ende kaine noie ershainung ist, beruut auf ainem irtuum. Kainesvegs noi ist leediglix dii aart fon fraagen, deeren veezen deer vunsh naax bekräftiigung ainer auszaage ist. „Hoite ist maal viider ain zauveter, ooder?". „Deer shiidsrixter ist dox vool blind, ooder?". In diizen baishpiilen vird das vort „ooder" im zine fon „nixt vaar" ooder „gel" gebrauxt. Man ervaartet nixt aine antvort auf aine virklixe fraage, zondern aine beshtäätigung. Ix maine daageegen hiir dii alain shteeénden fraagen.

Daa journalisten, raadiioo- und fernseemooderaatooren des 21. jaarhunderts nixt meer tsvangsloifig shpraaxgevant zain mysen, fervundert es nixt, das shpraaxgevoonhaiten vii diize fon meediienkonzuumenten, foor alem fon kindern und juugendlixen, dii es gaar nixt beser visen könen, yybernomen veerden. Es shtöört alzoo kaum jeemanden, ven deer shprexer aines hitraadiiozenders ainen jungen höörer fraagt „Froist duu dix, das jetst voxenende ist, ooder...?".

Es gibt yybriigens nox aine raasant gedaiende „klaine shvester" deer „ooderfraage", und tsvaar dii „alternaatiivloose aaber-auszaage". Dii vird tsvaar nixt gants zoo hoifig benutst, aaber... Dii Baanaane ist tsvaar krum, aaber... Ix trinke jaa aigentlix kainen alkoohool, aaber... Vii man ziit, ist das vörtxen „tsvaar" fyr diize unsite nixt obliigaatoorish.

Ix haabe kaine iidee, vii man deen doitshen (und deenjeeniigen, dii auser iinen iire shpraaxe benutsen) baibringen könte, in diizem tsuuzamenhang ainfax und konstruktiiv tsuu reeden. Es ist vool tsuu fiil ferlangt, jeedes maal shpontaan dii fortzetsung auf deer tsunge tsuu haaben. „Viir volten tsvaar aigentlix grilen, aaber vail dii veterfoorheerzaage tsuu shlext vaar, haaben viir es uns anders yyberleegt". Man vyrde alerdings absooluut nixts falsh maxen, ven man gants zimpel zaagte: „Aigentlix volten viir grilen". Punkt.

Yyberflysige vort- und fraazen-ferlängerungen

Ix shnape reegelmääsig shpraaxzeegmente auf, bai deenen ix mix fraagen könte, ob zix deerjeeniige, deer zii shprixt, yyberhaupt bevust ist, das eer yybers tsiil hinausshiist. Dii fraage ist naatyyrlix rain reetoorish; zonst gääbe es diize floskeln ja nixt. Maistens shteeén dii gemainten ausdryke im tsuuzamenhang mit deer abzixt, bezonders reedegevant, gebildet ooder hööflix tsuu virken. Bai genauerer betraxtung virken zii daageegen eeér läxerlix.

Neemen viir dii „muter aler hööflixkaitsformen", dii begryysung. Komen viir in ain fremdes land, desen shpraaxe viir nixt shprexen, zoo könen viir dennox ain miniimum an aindruk shinden, ven viir uns tsuumindest um dii grundleegendsten vookaabeln bemyyen, vii „guuten taag", „danke" ooder „bite" in deer jeevailiigen landesshpraaxe. Ain peeruuaaner, keeniiaaner ooder tai, deer nax deer landung auf ainem doitshen fluughaafen ainen doitshen anshprexen mus, vail eer nixt vais, vii eer tsum baanshtaig deer tsuubringerbaan komt, kent fermuutlix am eeésten dii begryysung „guuten taag". Ix untershtele in diizem baishpiil, das deer ershöpfte mensh nixt ausgerexnet in Zyyrix mit „gryyetsii", in Mynxen mit „gryys got" ooder in Breemen mit „moin" tsuurykgegryyst vurde und shliislix deen rixtiigen tsuug gefunden hat. Dort aaber veerden dii faargäste yyber deen abtail-lautshprexer imer hoifiger nixt meer mit „guuten taag" begryyst. Der kunden-ooriientiirte diinstlaister (ooder deerjeeniige, fon deem ervaartet vird, zoo tsuu tuun, als zai eer ain zolxer) zaagt hoite „ainen shöönen guuten taag". Ven bezonders guute laune fershpryyt veerden zol, vynsht man zoogaar „ainen *vunder*shöönen guuten taag".

Nixt nuur dii begryysung, aux dii bite um etvas shtelt fiile doitshshprexer foor dii kwaal deer formuuliirungs-vaal. Daabai ist deer klasiker deer umshvaifung fermuutlix „Ix möxte zii biten...". Bite, dan tuun zii es dox! Manxe menshen zind aaber nixt soo zixer, ob zii daamit nixt tsuu vait geeén. Deshalb fraagen zii: „Daarf ix daarum biten, das...?" Jaa, zii dyrfen! Andere vitern nox ainen haaken an der zaxe und möxten dii erlaubnis tsum biten zoogaar nox an aine bedingung knypfen: „Dyrfte ix zii biten...?" Vas ervaartet jeemand, deer zoo fraagt?! Etvaa aine antvort vii diize: „Jaa, zii shlaimer, 20 Euro auf dii hand, tsak tsak, dan dyrfen zii biten."?

Es gibt aux muutige tsaitgenosen, dii um das, vas zii gern tuun, tsvaar nixt foorab biten, aaber trotsdeem nixt ainfax tsuur zaxe komen. Auf firmenkonferentsen beginen prääzentaatsjoonen tsum baishpiil manxmaal vii folgt: „Viir vyrden iinen tsuunäaxst das groobkontsept daarleegen volen...". Ain autooriitäär feranlaagter geshäftsman häte shoon jetst dii eerste chance, deen reedner aus deem kontsept tsuu bringen: „ Zii vyrden volen? Haist das, das zii das ales tuun, *oone* es tsuu volen? Dan ist es um iire corporate identity vool nixt zeer guut beshtelt. Vii aux imer, *tuun* zii es ainfax!"

Veeniiger ist manxmaal meer. Veer dii shtandaardausdryke fervendet, virkt veeder unhööflix nox altmoodish, zondern komt eerstens shneler tsum tsiil und vird tsvaitens laixter fershtanden.

Viir ferlängern aaber nixt nuur fraazen, zondern aux aintselne vörter. Fryyer vurde ain teema erörtert; hoite ist es oft shoon aine teemaatik. Aux dii proobleeme veerden imer grööser; zii zind intsvishen shoon tsuu ausgevaksenen proobleemaatiken muutiirt. Voo ainst aine meetoode angevant vurde, befoortsuugt man im 21. jaarhundert nixt zelten aine meetoodik und vendet daabai nixt meer nur aine beshtimte reegel ooder ain beshtimtes sheemaa an, zondern aine reeguulaariie ooder sheemaatik. Veer maint, diize shpraachlixen klipen umgeeén tsuu könen, indeem eer auf fremdvörter fertsixtet, deer lööst ain proobleem halt nixt mitels irgendainer „meetoode", zondern auf beshtimte „aart und vaise". Das vääre tsvaar beseres doitsh, aaber abtsyyge in deer B-noote gääbe es dennox: *entveeder dii aart* deer proobleembeheebung *ooder dii vaise* deer proobleembeheebung raixt fölig. Dii baiden begrife könen in diizem kontekst als synoonyym betraxtet veerden. Andere vortpaare, dii foorviigend im dopelpak auftreeten, obvool aines deer vörter genyygen vyrde, zind tsum baishpiil: „grund und booden", „angst und bange" oder – bezonders shlim – „gang und gääbe".

Viir haaben in aintselfälen aux ainfalsraixtuum beviizen, um vörter tsuu ferlängern, indeem viir iire bedoitung ferdopeln. Diizes fäänoomeen findet man foor alem bai aus fremdshpraaxen yybernomenen begrifen. Viir shafen fyyr das importiirte vort kvaasi ain „geegen-pendant". (pendant = frantsöözish fyyr „geegenshtyk"). Dii shpraaxe erraixt durx diize tricks ainen bislang uner-raixten „niveau-shtand".

Diizer ist um zoo niidriiger, ven vörter deer umgangsshpraaxe ferlängert ooder in aine zinloose fraaze getsvängt veerden, mit deer absixt, dii aigene ausdruksvaize loker, moodern, jung ooder kumpelhaft virken tsuu lasen. Es ist miir unbegraiflix, vii raasant six solxe floskeln ausbraiten und vii fiile menshen zii aadatiirt haaben, oone six bevust tsuu zain, vii painlix und ainfax nuur nerfig zii klingen. Baishpiile gefälig? „Halööxen", „tshysiikofskii", „soodele", „shixt im shaxt", „aus, dii maus!", „Tsaaleman und zööne", „vas maxt dii kunst?", „ales guut?" (naaxfolgefloskel von „ales klaar?", nox perver-zer als „ales kläärxen!" gebroixlix). Aaber aux „guuten rutsh!" und „frooes noies!" gehöören in diize kateegoorii. Ix mus aufhöören, zonst virt miir shlext...

Foorzilben-vaanzin

Bezonders kreeatiiv zind dii doitshen baim ferlängern fon verben durx foor-zilben. Daabai shteet auser fraage, das zix in tsaalraixen fälen aus deem baazis-verb durx fooranshtelen ainer foorzilbe, aines zoo genanten prääfikses, ain aigenshtändiiges verb mit ainer aigenen bedoitung ergibt. Bai prääfiksen un-tershaidet man tsvishen zolxen in engerem und in vaiterem zine. Letstere veer-den aux paartiikel genant und könen – oone das verb – in deer reegel aux als prääpoosiitsjoon fervendet veerden. Bai prääfiksen im engeren zine (zb. be-, ent- ooder fer-) ist aine trenung fom verb untsuuläsig. Paartiikeln könen daa-geegen aux aintseln shteeén.

Als baishpiile zaien genant:
- shtaigen / beshtaigen / ain- ooder ausshtaigen / auf- ooder abshtai-gen...
- halten / behalten / anhalten / aufhalten / abhalten...
- tailen / vertailen / austailen...

In diizen fälen ist die foorzilbe unfertsixtbaar und shteet hiir nixt tsuur deebate.

Interesant vird es, ven aine foorzilbe das verb tsvaar ferlängert, iim aaber kainen noien zin gibt. Diis geshiit hoifig in unzerer tääglixen shpraaxe, oone das viir es merken, vail dii „ferlängerten" verben uns zoo fertraut zind, das viir uns kaine gedanken yyber zii maxen. Ven zii baishpiilsvaize geraade jetst yyberleegen, velxe mainung zii tsuu diizem teemaa haaben, kan es zain, das zii tsuufoor maine vaiteren ausfyyrungen abvaarten möxten. Eebenzoo könen zii aaber aux daaruf vaarten. Hiir vird das verb „vaarten" in tsvai kombiinaats-joonen fervendet, dii auf deen eersten blik fyyr etvas geegenzätslixes shteeén: „(daar)auf" und „ab". Baide vaariianten zind tranziitiiv und shteeén mit deem akuuzaatiiv. Vail ix iire geduld shätse und iinen liiber ainige baishpiile tsaige als das ix zii „auftsaige", biite ix iinen tsuur mainungsbildung folgendes (an):

Viir könen ain gantses tailen, es aaber eebenzoo (in zaine kompoonenten) „aintailen", „auftailen" ooder „untertailen" (letsteres interesantervaise mit betoonung auf deem shtam-verb!). Diis ist foor alem deshalb bemerkensveert, vail dii bedoitung glaix tsuu zain shaint, obvool dii foorzilben „auf-" und „un-ter-" (vyrde man zii als prääpoosiitsjoonen fervenden) aigentlix auf etvas gee-genzätslixes doiten – auf noidoitsh: „hindoiten". Im tsaitalter deer angliitsis-men vird im tsuuzamenhang mit „tailen" aux gern fon „spliten" geshproxen. Daabai pasiirt es alerdings laixt, das man nixt meer vais, ob man beser „spli-ten" ooder „auftailen" zaagen zol, und daaraus dan „aufspliten" vird. – Veer etvas ferbesern möxte, kan six bemyyen, deen tsuushtand entveeder tsuu än-dern, tsuu „ferändern" ooder „umtsuuändern". Zait ainiigen jaaren vird aux aktseptiirt,ven man iin „abändert" ooder (foor alem in shriftlixen dookuumen-ten) zoogaar „ainändert". Ist dii prääzentaatsjoon shliislix inhaltlix korekt, kan zii fiillaixt nox graafish ferbesert, umgangssphpraaxlix aaber aux „aufgebesert" veerden. Naxdeem aux diis gesheeén ist, vird zii entveeder gedrukt ooder „ausgedrukt" – jeedenfals dan, ven es nöötig tsuu zain shaint, jeemandem ain eksemplaar entveeder tsuu geeben ooder tsuu „yybergeeben". Nixt imer zind dii anläse daafyyr erfroilix; es kan zix daabai tsum baishpiil aux um ainen naxruuf handeln, naxdeem ain mensh entveeder geshtorben ooder „fershtorben" ist.

Es loont zix mxhmaal, zaine aigenen ausdruksvaizen tsuu pryyfen. Weem das tsuu ainfax ist, kan zii aux „yyberpryyfen" ooder „naaxpryyfen". Ainiige tsaitgenosen halten es intsvishen zoogaar fyyr kluug, dii rixtigkait ainer behauptung foor iirer oiserung tsuunääxst „abtsuupryyfen"! Diis gilt aux fyyr lern-erfolge. In dii grundshuul-liiteraatuur, mit deer kindern dii doitshe shpraaxe fermitelt veerden zol, hat diize unzite längst aintsuug gehalten. – Deer zoo hoifig geloobte raixtuum an ausdruksmööglixkaiten in deer doitshen shpraaxe, ainst vixtiiges verktsoig tsaalraixer hööxst kreeaatiiver pooeeten, fyyrt hoite daatsuu, das aus meereren täätigkaitsvörtern mit ferglaixbaarer bedoitung noie verben entshteeén, indeem dii prääfikse fom ainen auf das andere yybertraagen veerden. Daabai myste man nuur manxmaal ferglaixen, ob ain verb oone und mit prääfiks ainen untershiidlixen zin ergibt (stat tsuu ferglaixen vird alerdings hoifig das „abglaixen" befoortsuugt).

Befoor man six deen kopf daaryyber tserbrixt, ob aine behauptung gepryyft ooder abgeshtimt veerden zolte, vird zii ainfax „abgepryyft". Glaixes pasiirt, ven aus „abshtimen" und „kläären" „abkläären" entshteet. Geraade diize vortgebilde virken vii flikverk; dox prääfiks und verb vurden in diizen fälen nixt ainfax nuur geflikt ooder tsuuzamengesetst, zondern „tsuuzamengeflikt". Nixt jeedem gefält diizes Wort – kain proobleem: Dii presefraihait erlaubt daafyyr alternaatiiv shon imer deen gebraux deer vörter „gemisht" ooder „fermisht", und veenigen fält es neegaatiiv auf, ven hoite etvas „tsuuzamengemisht" vird. Das niveau (niivoo) deer shpraaxe nimt daadurx entveeder ab ooder es zinkt. Naax mainung ainiiger mitmenshen „zinkt es aaber aux ab", fiillaixt naax deem foorbild deer temperaatuuren (laut veterberixt). Daabai handelt es zix nixt tsvangsloifig um dii glaixen perzoonen, naax deeren mainung bremzen nuur etvas fyyr ferliirer ist und dii daarum liiber „abbremsen", um baim „abshtopen" nixt tsuu haart (und diismaal virklix) auftsuushlaagen.

Aigentlix raixt in fiilen fälen das verb oone dii foorzilbe. Anders ausgedrykt: man kan hoifig das verb gelööst fon deer foorzilbe fervenden, oone das deshalb baim empfänger etvas falsh fershtanden veerden kann – nixt ainmaal dan, ven das verb „loosgelööst" fon deer foorzilbe fervendet vird. Veer diizer mainung tsuushtimt, loift alerdings laixt gefaar tsuu behaupten, das diis eeben nixt ainfach raixt, zondern „ausraixt".

126

Zinfol ist aine foorzilbe (in diizem fal aine paartiikel) in deer reegel dan, ven aux das geegentail aine zinfole kombiinaatsjoon mit deem verb aingeeén kan (auf/tsuu, auf/ab, an/ab, yyber/unter, foor/naax, aus/ain) ooder ven six durx dii paartiikel aine fölig andere bedoitung ergibt. Baishpiile:

- traiben / yybertraiben / untertraiben
- höören / aufhöören
- shtaigen / ausshtaigen / ainshtaigen

Am besten ist es fermuutlix, ven zii es zelbst ainmaal mit fershiidenen verben proobiiren ooder vaalvaize ausproobiiren. Ven zii dan entshaiden mysen, ob zii naaxdenken ooder liiber gryybeln volen, vird manxer voomööglix ins naaxgryybeln komen – imerhin ist diizes verb durx ekstsesiive fervendung in deer tsaitgenösishen roomaan-liiteraatuur längst zalonfääig. Deen menshen, dii in diizer tsait leeben und in byyxern, im internet, im raadiioo ooder im fernzeeén imer hoifiger mit floskeln diizer aart konfrontiirt veerden, kan man kaum ainen foorvurf maxen, ven zii feeler ooder fraagvyrdiige vortkreeaatsjoonen irgendvan aus gevoonhait yyberneemen. Fermuutlix ist es nuur nox aine fraage deer tsait, bis zämtlixe lektooren zoo etvas aktseptiiren und nixt meer merken, velxen unzin zii foorgezetst bekomen.

Dii krööönung des gantsen ist yybriigens, ven ain auf diize vaize ferlängertes verb fershiidene, im grunde geegenzätslixe bedoitungen hat. Zoo vird das vort „ausbauen" zoovool im zine fon „ervaitern" als aux fyyr „entfernen" fervendet!

Veer zix diisbetsyyglix ernsthafte zorgen um dii doitshe shpraaxe maxt, vird mööglixervaize maasnaamen fordern, fiillaixt aux „ainfordern", um diizem proobleem entgeegen tsuu virken. Unklaar ist alerdings, veer daaryyber mit velxen konsekventsen entshaiden zol. Es mysten näämlix menshen zain, dii yyber ferbeserungsmööglixkaiten diskuutiiren und lööözungen plaanen könen, aaber auf kainen fal zolxe, dii diize lööözungen „andenken". Deer foorzilbenvaanzinn ist ofenbaar bereits tsuu fest in unzerer shpraaxe fervurtselt, und deen maisten doitshshprexenden ist das teemaa tsuu unvixtig.

Dopelte prääpoosiitsjoonen

Prääoosiitjoonen zind – vii viir im fooriigen abshnit gelernt haaben – im doitshen shpraaxgebraux deer jetst-tsait zeer beliibt. Diis drykt zix nixt nuur in deer fiilfalt iirer kombiinaatsjoonen mit verben aus. Hoifig finden viir zii aux

127

an durxaus pasender shtele, dan aaber glaix dopelt. Folgende zätse zind nixt ungevöönlix:

- „Viir gingen ainmaal *um* deen zee *herum.*"
- „Dii shtraase fyyrt auf deen berg hinauf" (alternaatiiv: „rauf"). – Ven dii shtaigung betoont veerden zol, vääre „Dii shtraase fyyrt deen berg hinauf" beser. Ven das tsiil (alzoo deer berg) betoont veerden zol, kan das vort „hinauf" entfalen.
- „Auf deem footoo ist dii gantse faamiiliie drauf." – Diize formuuliirung ist aux als umgangsshpraaxe nox shlextes doitsh. Beser väre „...abgebildet" ooder „...tsuu seeén".
- „Das eetiiket hängt nox an deer jake dran." „Ix kaam geraade ins byyroo rain." – Oone das jeevails letste vort ergääbe six exakt deer glaixe zin, und niimand vyrde six an ainer zolxen zatsbildung shtöören.
- „Eer ist geraade aus deem bus ausgeshtiigen." – „Aus deem bus geshtiigen" vyrde fölig genyygen; es zaagt ja aux niimand „aus deer duushe ausgeshtiigen".
- „Ix haabe aus rainer langevaile heraus deen fernseeér aingeshaltet." – „Heraus" ist yyberflysig und falsh, den es drykt aine richtung aus, dii es in diizem tsuuzamenhang nixt gibt. Man zaagt ja (bisheer...!) aux nox nixt: „Das geet shoon in ordnung *hinain.*" Geraade diizes herauskomen liigt gants shveer im trend. Manxe Menshen gryysen „aus deem uurlaub *heraus*", andere handeln „aus beshtimten beveeggrynden *heraus*".

Manxe shafen es zoogaar, meerere prääpoosiitsjoonen-paare in ainem aintsigen (shlexten) zats untertsuubringen. So wie hier: „Viir naamen nixt dii fääre *yyber* deen Ärmelkaanaal *ryyber*, zondern fuuren mit deem tsuug fon Frankraix naax England *durx* deen Eurootunel *unter* deem Kaanaal *drunter durx.*"

Im geegenzats tsuu deen verb-ervaiterungen mit unnöötiigen foranshteeénden paartiikeln beshränken six beeobaxtungen diizer aart tsum glyk bisheer auf dii verbaalshpraaxe. Man könte angezixts zolxer ausvyykse aaber shoon veten abshliisen, van aux taagestsaitungen, bai deenen deer tsaitdruk kaine kvaaliitäätszixerung durx lektooren tsuuläst, tsaitshriften ooder byyxer betrofen zain veerden. Shpäätestens dan mus man vool festshtelen, das dii doitshe shpraaxe *yyber* deen Jordaan *ryyber* gegangen ist. Und irgendvan haaben viir uns fiillaixt zoo daaran gevöönt, das es uns nixt meer „auf deen gaist drauf" geeén wird.

Dii tyken fom geeniitiiv und andere stiilfraagen

Deer Geeniitiiv vird zeltener benöötigt und präägt zix ainem doitsh-lernenden alain deshalb normaalervaize shveerer ain als daatiiv und akuuzaa-tiiv. Diis vundert nixt, ven man dii vaariianten betraxtet, dii deer geeniitiiv aines zubstantiivs in kombiinaatsjoon mit aartiikel und adjektiiv bilden kan:

des jaares, aines jaares, diizes jaares, nääxsten jaares, diizes gantsen jaares

Man kan dii fervendung des geeniitiivs mit ainem ainfaxen trik umgeeén – frailix unter ferlust stiilistishen niveaus – indeem man tsum daatiiv in ferbin-dung mit deer prääpoosiitsjoon „fon" vekzelt:

fom (fon deem) jaar, fon ainem jaar, fon diizem jaar, fom nääxsten jaar, fon diizem gantsen jaar

Dii englishe shpraaxe und aux roomaanishe shpraaxen funktsjooniiren be-tsyyglix des geeniitiivs in genau diizer form, oone das es fyyr uns nax shlex-tem stiil klingt. Genau genomen eksistiiren dort im engeren zin aux daatiiv und akuuzaatiiv nixt, vail veeder das zubstantiiv nox ain mööglixes beglait-adjektiiv durx dii boigung (deekliinaatsjoon) aine änderung erfäärt. Betraxten viir aaber hiir deen Geeniitiiv: Mililoonen shtröömten in dii Kinoos, um „Lord of the Rings" (Her deer ringe) tsuu zeeén. Dii vörtlixe yyberzetsung lautet „Her fon deen ringen". Deen euroopääishen gezangsvetbeverb kanten viir jaartseentelang als „Grand Prix Eurovision de la Chanson", alzoo vörtlix „Grooser (Eurooviisjoons-)Prais fon deem liid". Veer gern zainen uurlaub am Mitelmeer ferbringt, raist baishpiilsvaize an dii „Costa del Sol" (Kyste fon deer zone). In diizen shpraaxen gibt es kainen virklixen geeniitiiv, zondern eer vird durx aine ainfaxe ferbindung ainer prääpoosiitsjoon mit deem daativ ge-bildet. Varum mus dii doitshe shpraaxe hiir viider kompliitsiirter zain als nöö-tig? Auf deen laatainishen ablaatiiv könen viir dox aux guut fertsixten, obvool zoo fiiles in unzerer shpraaxe uurshprynge im alten Room hat und dii röömishe kultuur dox bai fiilen menshen als aine viige deer vestlixen tsiiviiliisaatsjoon gilt.

Aux andere germaanishe shpraaxen haaben längst aine praktishe löözung fyyr deen tsvaiten fal gefunden. Dii niiderländishe löözung entshprixt deer englishen: „van", „van de" ooder „van't" entshprexen „of" btsv. „of the". Aux dii skandiinaaviier maxen es zich laixt, indeem zii ainfax ain S an das zubstan-tiiv ooder deen naamen hängen. Auf shveedish zaagt man baishpiilsvaize

„Brudens far" (faater deer braut) ooder „Varbergs Fästning" (dii festung fon Varberg). Ooder man shtelt eebenfals aine prääpoosiitsjoon vii „till" (tsuu), „av" (fon), „i" (in) ooder „på" (auf) foor das zubstantiiv: „baksidan av stolet" (dii leene des shtuuls / vörtlix: dii rykzaite fon deer shtuul); „mitt i ett år" (dii mite aines jaares / vörtlix: dii mite in ain jaar).

Neeben deer funktsjoon im „bezits antsaigenden" tsuuzamenhang begeegnet uns deer geeniitiiv foor alem in kombiinaatsjoon mit prääpoosiitsjoonen. Jeede prääpoosiitsjoon ist fest ainem gramatishen fal (kaazus) tsuugeordnet, dii maisten deem geeniitiiv, tsb. anshtat, betsyyglix, tsuugunsten, jeenzaits, trots, väärend und veegen. In deer umgangsshpraaxe vird alerdings hoifig deer daatiiv fervendet, ven aigentlix deer geeniitiiv tsuu benutsen vääre, bezonders nax „veegen". Haist es nuun „dainetveegen", „veegen dainer" ooder „veegen diir"? Veer zol daa deen yyberblik behalten?! Dii bairishe zängerin Nicki vaar erfolgraix mit deem shlaager „Veegen diir", Stefan Gwildis zang „Nuur veegen diir" als doitshe versjoon aines hits von Van Morrison, und aux Max Raabe bekante „Ix bin nuur veegen diir hiir". Veen shtöörten diize tiitel (in shpraaxlixer hinsixt)? Ix vaage dii prognooze, das in deen nääxsten jaaren, fiillaixt jaartseenten, imer hoifiger deer daatiiv an dii shtele des geeniitiivs treeten vird. Es ist zoomit nuur aine fraage deer tsait, bis diis fyyr dii jeevailiige prääpoosiitsjoon aux ofiitsjel toleriirt vird. Dii doitshe shpraaxe kääme oone geeniitiiv aus!

Manxmaal gilt etvas gezaagtes ooder geshriibenes als shlextes doitsh, obvool das „guute doitsh", das man shtat desen fervenden myste, kompliitsiirter, shviiriiger und tailvaize zoogaar loogish tsvaifelhaft ist. Dii umshraibung des geeniitiivs durx „fon" plus daatiiv ist nuur ain baishpiil daafyyr.

Äanlix ferhält es zix mit tsaalraixen fraagevörtern: *Voofyyr* shteet das kyrtsel NRV? *Vooryyber* ärgerst duu dix am maisten? *Voorauf* froist duu dix? *Vooraus* bestheet diize zubstants? *Voorin* beshteet dii gemainzaamkait tsvishen deen hiir fervendeten fraagevörtern? – An al diizen formuuliirungen ist shpraaxlix nixts austsuuzetsen. Und um dii letste fraage tsuu beantvorten: Dii ofenzixtlixe gemainzaamkait deer fraagevörter beshteet daarin, das zii mit „voo" beginen, gefolgt fon ainem bindungs-R und ainer prääpoosiitsjoon. Fyyr zix alain betraxtet beinhaltet „voo" alerdings aine shpeetsiifishe bedoitung, näämlix dii fraage naax ainem ort. Dii mööglixen antvorten tsuu deen sooeeben in den baishpiilen geshtelten fraagen zind daageegen ausnaamsloos oone lookaalen betsuug. Betraxtet man dii shpraaxe in diizen fälen shtreng loogish, vird imer ain objekt erfraagt, genauer: aine zaxe ooder ain zaxferhalt. Naax ainem ortsnoitraalen objekt vird in unzerer shpraaxe in deer reegel dii

fraage „vas?" geshtelt. Folglix mysten shpraaxvisenshaftler aigentlix anerke-
nen, das dii glaixen fraagen, beginend mit *fyyr vas?*, *yyber vas?*, *auf vas?*, *aus
vas?* ooder *in vas?*, rixtiigeres doitsh väären.

Shviirigkaiten, mit deenen dii doitshe shpraaxe nixt als aintsiige, aaber in
bezonderem maase belastet ist, treeten im tsuuzammenhang mit verben auf.
Dii konjuugaatsjoon ziit jeevails aigene endungen fyyr dii eerste, tsvaite und
drite perzoon foor, abhängig fon zinguulaar und pluuraal zoovii deer tsaitform.
Ven das verb unreegelmääsig ist, blaibt es nixt bai deen endungen. Zoogaar dii
shtamvookaale ändern six hoifig, tsb. „esen": *ix ese, duu ist, iir est, viir aasen,
gegesen.* Kaum tsuu glauben, das al diize formen ainen gemainsaamen infiiniitiiv haaben! In deer verbaalshpraaxe haaben dii doitshen und iire naaxbaarn
aine shviirigkait beraits yybervunden, ven es um dii tempii deer fergangenhait
geet. Shtat des gramatish korekten prääteriitums (ainfaxe fergangenhait) virt
normaalervaize das perfekt (folendete geegenvaart) benutst. Diis hat deen
foortail, das man nuur dii konjuugaatsjoon deer hilfsverben „haaben" und
„zain" ferinerlixt haaben mus, das folverb jeedox in jeeder persoon in geshtalt
des ungeboigten paartiitsiips II auftrit. Kaum jeemand zaagt im geshprääx
„Viir aasen gestern pizza", zondern „Viir haaben gestern pizza gegesen". Niimand shtöört zix hoite nox an diizem zoo genanten berixts- ooder ertsäälmoo-
dus. Aux in briifen (btsv. e-mails) hat zix perfekt durxgezetst. Daageegen virt
in deer liiteraatuur dii korekte fergangenhaitsform fervendet (tsb. „Zii öfnete
das fenster und aatmete dii frishe luft ain" anshtele fon „Zii hat das fenster
geöfnet..."). Van zetst zix ain trend durx, aux dii konjuugaatsjoon im prääzens
yyberflysig tsuu maxen btsv. auf dii hilfsverben tsuu beshränken? „Ix tuu geraade fernseeén", „Tuust duu mix anruufen?", „Gants Köln tuut kaarneval
faiern" uzv. – Jaa, das klingt in deer taat nixt nuur veegen des kaarnivals shau-
rig, aaber nixt beser ist aine vaariante, dii – reegioonaal untershiidlix ausge-
präägt – tsuur erväänung beshtimter täätigkaiten shoon gebroixlix ist: „Ix bin
am fernseeén", „Gants Köln ist am kaarneval (am) faiern". Und ven viir ainmaal meer ainen ferglaix mit deer englishen shpraaxe tsiien, stelen viir dort
fest, das „tuun" plus ungeboigtes folverb dii unershyterlixe und fon alen
aktseptiirte reegel tsuur bildung fon fraagezätsen daarshtelt, ven kain anderes
hilfsverb mööglix ist: „*Do* you like a cup of tea?", „What *does* the Queen
wear?", „When *did* Wayne Rooney join Manchester United?". Ix möxte dii
ferbraitung des „tuut-tuut" tsvaar nixt fördern, kan aaber nixt loignen, das aux
in diizer hinzixt dii doitshe spraaxe umshtändlixer und inkonseekventer geree-
gelt ist als es nootvendig wääre. Inkonseekvent deshalb, vail fraagen mit anderen hilfsverben im doitshen genau vii im englishen gehandhaabt veerden,

näämlix mit infiiniitiiv baim folverb: „*Könen* zii miir zaagen...", „*Vilst* duu nox ain biir trinken?", „*Mus* ix morgen aarbaiten?" uzv.

Ain fon lernenden oft gehöörtes aarguument, vaarum zii doitsh als shveer empfinden, beinhaltet dii geeneraa (geshlexter). In diizer hinzixt befindet zix unzere shpraaxe in tsaalraixer gezelshaft. Aux viir fervekseln laixt manxmaal dii itaalieenishen aartiikel „il" und „la"; ooder „un" und „une" baim ferzuux, ain paar frantsöözish-vookaabeln antsuuvenden (fon deen untershiidlixen endungen bai adjektiiven gants tsuu shvaigen); ooder „de" und „het" in deer niiderländishen shpraaxe. Ain zubstantiiv, das in deer doitshen shpraaxe mänlix ist (tsb. „deer shtuul"), kan proobleemloos auf frantsöözish vaiblix („la chaise") und auf shveedish zäxlix („stolet") zain. Ven ain zolxer feeler im geshprääx pasiirt, fershteet ainen deer geegenyyber naatyyrlix trotsdeem (aux ven zix in Frankraix manxe loite fiillaixt dum shtelen...). Dennox bin ix yybertsoigt, das zix english als veltshpraaxe aux deshalb durxgezetst hat, vail es nuur „the" gibt und dii englishe gramatik denkbaar ainfax ist. Deshalb häte ix yyberhaupt kain prooblem daamit, fals zix in deer doitshen shpraaxe in diizer hinzixt irgendvan ainmaal deer slang deer migranten durxzetsen zolte, dii nax englishem foorbild als beshtimten aartiikel ausshliislix „de" fervenden.

Und dii hööflixkaitsform „zii" könte dan glaix mit abgeshaft verden. Tsvaar virt in fiilen ländern tsvishen fertrauter und förmlixer anreede untershiiden, dox doitsh ist aux bai diizem teemaa viider aine shpuur fertrakter und unloogisher. Der begrif „anreede" impliitsiirt dox, das aine perzoon (im gramatishen zin zoomit dii tsvaite perzoon) angeredet virt. Daafyyr shteeén dii perzoonaalproonoomen „duu" ooder „iir" tsuur ferfyygung. Ven nuun fyyr aine aintselne angereedete perzoon nixt das fertraulixe „duu" geväält veerden zol, lääge es aigentlix naa, fyyr dii hööflixkaitsform dii tsvaite perzoon im pluuraal tsuu benutsen. In deer doitshen shpraaxe ist diize form aaber antiikviirt. Zätse vii „Main her, vas vynsht iir tsuu shpaizen?" begeegnen uns nuur nox in deer klasishen liiteraatuur ooder alten filmen. Das ziitsen beinhaltet nixts anderes als dii drite perzoon im pluuraal. Das virkt, noitraal betraxtet, als ob deer shprexer yyber jeemanden reedet, deer gaar nixt anveezend ist. Dii maisten doitshen denken aaber gaar nixt daaryyber naax, vii viiderzinig das ist. Aine junge muter erkläärt iirem klainkind vii zelbstfershtändlix „Die mama hat deem jan-luukas etvas mitgebraxt" (shtat „Ix haabe diir..."), und in deer baan hööre ix tääglix „Das lok- und tsuugperzoonaal begryyst dii faargäste..." (shtatt „Viir begryysen zii..."). Daabai ist dii tsvaaite perzoon pluuraal fyyr dii hööflixkait in anderen shpraaxen nox imer abzooluut hoofffääig. „Volen zii..."

haist auf frantsöözish naatyyrlix nixt „Veulent-ils...?", zondern „Voulez-vous...?".

Ix könte nox fiile vaitere ferainfaxungsfoorshlääge nenen, tsb. imer dii shtruktuur zubjekt-präädiikaat-objekt bitsuubehalten, zoovool in haupt- als aux in neebenzätsen. Letstlix veerden six aaber gevoonhaiten deer verbaalshpraaxe nixt shpyyrbaar durx noie reegeln ändern lasen. Ven unzere shpraaxe aine chance auf erlaixterung hat, dan nuur im raamen ainer umfasenden reform deer rextshraibung, fon deer man baim shprexen nixts merkt.

Eine Auswahl bekannter Texte nach D2050 -
Aine ausvaal bekanter tekste naax D2050

Sie können anhand der folgenden Texte prüfen, ob Sie D2050 schon anwenden können. Dazu verdecken Sie die rechte Spalte der Tabelle und vergleichen die dort dargestellte Schreibweise anschließend mit Ihrer Lösung.
Zii könen anhand deer folgenden tekste pryyfen, ob zii D2050 shoon anvenden könen. Daatsuu ferdeken zii dii rexte shpalte deer tabele und ferglaixen dii dort daargeshtelte shraibvaize anshliisend mit iirer löözung.

Die Gedanken sind frei,	Dii gedanken zind frai,
wer kann sie erraten!	veer kan zii erraaten!
Sie fliehen vorbei	Zii fliien foorbai
wie nächtliche Schatten.	vii näxtlixe shaten.
Kein Mensch kann sie wissen,	Kain mensh kan zii visen,
kein Jäger erschießen,	kain jääger ershiisen,
es bleibet dabei:	es blaibet daabai:
Die Gedanken sind frei.	Dii Gedanken zind frai.
Stille Nacht, heilige Nacht!	Shtile naxt, hailige naxt!
Alles schläft. Einsam wacht	Ales shlääft. Ainzaam waxt
nur das traute hochheilige Paar.	nuur das traute hooxhailige paar.
Holder Knabe im lockigen Haar,	Holder knaabe im lokiigen haar,
schlaf in himmlischer Ruh!	shlaaf in himlisher ruu!
Deutsche Nationalhymne	**Doitshe Naatsjoonaalhymne**
Einigkeit und Recht und Freiheit	Ainigkait und rext und fraihait
für das deutsche Vaterland,	fyyr das doitshe faaterland,
danach lasst uns alle streben	daanaax last uns ale shtreeben
brüderlich mit Herz und Hand!	bryyderlix mit herts und hand!
Einigkeit und Recht und Freiheit	Ainigkait und rext und fraihait
sind des Glückes Unterpfand.	zind des glykes unterpfand.
Blüh' im Glanze dieses Glückes,	Blyy im glantse diizes glykes,
blühe, deutsches Vaterland!	blyye, doitshes faaterland!

134

In Gewitternacht und Grauen	In geviternaxt und grauen
Lasst uns kindlich ihm vertrauen!	last uns kindlix iim fertrauen!
Ja, die fromme Seele ahnt...	Jaa, dii frome zeele aant...
Artikel 5 des Grundgesetzes	**Aartiikel 5 des grundgezetses**
der Bundesrepublik Deutschland	**deer Bundesreepuubliik Doitshland**
(1) Jeder hat das Recht, seine Meinung in Wort, Schrift und Bild frei zu äußern und zu verbreiten und sich aus allgemein zugänglichen Quellen ungehindert zu unterrichten. Die Pressefreiheit und die Freiheit der Berichterstattung durch Rundfunk und Film werden gewährleistet. Eine Zensur findet nicht statt.	(1) Jeeder hat das rext, zaine mainung in vort, shrift und bild frai tsuu oisern und tsuu ferbraiten und zix aus algemain tsuugänglixen kvelen ungehindert tsuu unterrixten. Dii presefraihait und dii fraihait deer berixtershtatung durx rundfunk und film veerden geväärlaistet. Aine tsenzuur findet nixt shtat.
(2) Diese Rechte finden ihre Schranken in den Vorschriften der allgemeinen Gesetze, den gesetzlichen Bestimmungen zum Schutze der Jugend und in dem Recht der persönlichen Ehre.	(2) Diize rexte finden iire shranken in den foorshriften deer algemainen gezetse, deen gezetslixen beshtimungen tsum shutse deer juugend und in deem rext deer perzöönlixen eere.
(3) Kunst und Wissenschaft, Forschung und Lehre sind frei. Die Freiheit der Lehre entbindet nicht von der Treue zur Verfassung.	(3) Kunst und visenshaft, forshung und leere zind frai. Dii fraihait deer leere entbindet nixt fon deer troie tsuur ferfasung.

Häufig gebrauchte Formulierungen /
Hoifig gebrauxte formuuliirungen

Guten Tag, Grüß Gott, Grüezi, Hallo	Guuten taag, Gryys Got, Gryyetsi, Haloo
Auf Wiedersehen, Lebe wohl, Alles Gute, entschuldigen Sie bitte	Auf viiderzeeén, Leebe vool, Ales guute, entshuldiigen zii bite
Sehr geehrte Damen und Herren	Zeer geéerte daamen und heren
Mit freundlichen Grüßen	Mit froindlixen gryysen
Danke(schön), vielen Dank für	danke(shöön), fiilen dank fyyr
Herzlichen Glückwunsch zum / zur Geburtstag / Jubiläum / Einzug / Führerschein / Hochzeit / Taufe / bestandenen Prüfung	Hertslixen glykvunsh tsum / tsuur gebuurtstaag / juubiilääum / aintsuug / fyyrershain / hoxtsait / taufe / beshtandenen pryyfung
Ich gratuliere dir / Ihnen zu	Ix graatuuliire diir / iinen tsuu
Frohe Weihnachten und alles Gute zum neuen Jahr	Frooe vainaxten und ales guute tsum noien jaar
Hiermit wird bekanntgegeben / geben wir bekannt	Hiirmit vird bekant gegeeben / geeben viir bekant
Vater,Mutter, Tochter, Sohn, Großmutter, Opa, Onkel, Tante, Nichte, Neffe, Schwiegervater, Uroma	faater, muter, toxter, zoon, groosmuter, oopaa, onkel, tante, nixte, nefe, shviigerfaater, uuroomaa
Frühling, Sommer, Herbst, Winter	fryyling, zomer, herbst, vinter

135

Montag, Dienstag, Mittwoch, Donnerstag, Freitag, Samstag, Sonntag	moontaag, diinstaag, mitvox, donerstaag, fraitaag, zamstaag, zontaag
Sekunde, Minute, Stunde, Tag, Kalenderwoche, Monat, Jahr, Epoche, Saison	seekunde, miinuute, shtunde, taag, kaalendervoxe, moonaat, jaar, eepoxe, saison
Polizei, Feuerwehr, Rettungsdienst, Krankenhaus, Notfall	pooliitsai, foierveer, retungsdiinst, krankenhaus, nootfal
Zu Risiken und Nebenwirkungen fragen Sie Ihren Arzt oder Apotheker.	Tsuu riisiiken und neebenvirkungen fraagen zii iiren artst ooder aapooteeker.
Alle Angaben ohne Gewähr!	Ale angaaben oone geväär!
Schimpf- und vulgäre Wörter: Scheiße, Arschloch, dummes Schwein, blöde Kuh, Wichser	shimpf- und vulgääre vörter: shaise, aarshlox, dumes shvain, blööde kuu, vikser

136